Nina Deißler und Claudius Mach

FÜR IMMER VERLIEBT

Was Paare wirklich glücklich macht

Besuchen Sie uns im Internet:
www.knaur.de

Originalausgabe Februar 2014
Knaur Taschenbuch
© 2014 Knaur Taschenbuch
Ein Unternehmen der Droemerschen Verlagsanstalt
Th. Knaur Nachf. GmbH & Co. KG, München
Alle Rechte vorbehalten. Das Werk darf – auch teilweise – nur mit
Genehmigung des Verlags wiedergegeben werden.
Umschlaggestaltung: ZERO Werbeagentur, München
Umschlagabbildung: FinePic®, München
Bildnachweis Illustrationen: Michaela von Aichberger
Satz: Adobe InDesign im Verlag
Druck und Bindung: CPI books GmbH, Leck
ISBN 978-3-426-78590-4

2 4 5 3 1

Inhalt

Für immer verliebt?	17
Liebe ist bedingungslos – Partnerschaft ist es nicht	37
Über das Wesen der Liebe	45
Die Liebe in der Partnerschaft	56
Was die Liebe verändern darf	66
Warum die Liebe geht – und wie sie bleibt	79
Liebeskiller Nr. 1: Eifersucht	84
Liebeskiller Nr. 2: Enttäuschung	96
Liebeskiller Nr. 3: Schuld	108
Liebeskiller Nr. 4: Visionslosigkeit	119
Gewitter	129
Wie man Lösungen findet	137
Verstehen ist besser als streiten	148
Einfach typisch	155
Typisch Mann und wie Frau ihn glücklich machen kann	161
Typisch Frau und wie Mann sie glücklich machen kann	167
Unsere besten Tipps für langes Verliebtsein	173
Entscheidung für die Liebe	175
Liebestipp Nr. 1: Echte Kommunikation	179
Liebestipp Nr. 2: Kleine Geschenke erhalten die Freundschaft!	186
Liebestipp Nr. 3: Kritik am Partner ist Selbstzerstörung	191

Liebestipp Nr. 4: Nichts ist selbstverständlich –
Lob und Dankbarkeit — 198
Liebestipp Nr. 5: Die drei Planeten,
auf denen wir leben — 204
Liebestipp Nr. 6: Alles sagen und »spinnen« dürfen — 209
Liebestipp Nr. 7: Geben, nehmen und teilen — 217
Liebestipp Nr. 8: Eine Mischung
aus Ritualen und Überraschungen — 225

Let's talk about Sex! — 235

Wie soll es weitergehen? — 247

Dank — 251

Nur zur Information: Die Prinzessin hat den Frosch nie geküsst. Sie warf ihn an die Wand!

Smash!!!

Die Tasse zerbrach an der Wand und riss ein Loch in das schöne Bild von uns beiden, das Claudius hatte anfertigen lassen: ein Leinwanddruck von einer vergrößerten Viererserie Automatenfotos von uns. Wir hatten uns zusammen in den Fotoautomaten gekuschelt und uns während der vier Auslöser abwechselnd geküsst und Grimassen geschnitten. Ich liebte dieses Bild.

»Ich hasse dich!«, schrie ich ihn an – es war einfach zu viel. Ich war außer mir vor Wut. Bisher hatte ich in so einer Situation vielleicht »Ich kann nicht mehr!« geschrien, aber das reichte mir diesmal nicht. Ich fühlte mich so hilflos, so überfordert, so ungerecht behandelt. Ich wollte ihn am liebsten an die Wand klatschen, meinen persönlichen Märchenprinzen. Ich warf das Nächstbeste, was mir in die Finger kam: die Tasse.

Was hatte er getan?

Ganz ehrlich: Ich habe keine Ahnung mehr.

Märchen enden ja meist mit einer dieser Floskeln: »… und sie lebten glücklich bis ans Ende ihrer Tage.« Oder: »… und wenn sie nicht gestorben sind, dann leben sie noch heute.« Kein Märchen berichtet, was passiert, wenn der Prinz nie die Zahnpastatube zuschraubt oder die Prinzessin ihre Klamotten herumliegen lässt. Kein Märchen erzählt uns, wie die ewige Liebe bleibt und wächst,

7

auch dann noch, wenn das Zusammenleben im Märchen-schloss andere Aufgaben mit sich bringt, als Drachen zu töten oder Gold zu spinnen.

Und im wirklichen Leben? Da zählen andere Fragen: Führen wir ein glückliches Leben? Ja. Lieben wir uns? Ja.

Und dazu gehört ganz offenbar, dass niemand auf der Welt einen von uns so wütend machen kann wie der jeweils andere ...

Wir sind keine Gurus, keine Heiligen oder neunmal-klugen Paartherapeuten: Wir sind zwei Menschen, die sich gefunden haben, um die Liebe zu finden. Wir sind gewissermaßen Forscher, Liebesforscher. Und dieses Buch ist kein Beziehungsratgeber, es ist ein Buch über Liebe. Ein Buch darüber, was Liebe wirklich ist – und was nicht. Es ist ein Buch über Partnerschaft und dar-über, wie man wirklich zu Partnern wird, statt nur »eine Beziehung« zu haben. Es ist ein Buch über Glück und über das Leben und darüber, warum es sich lohnt, mutig zu sein und sich wirklich aufeinander einzulassen.

Doch beginnen wir mit dem Märchen – einem wahren Märchen. Es war einmal ...

Als ich Claudius kennenlernte, war ich 33. Ich war selbständig und begann gerade, erfolgreich zu sein. Ich führte ein interessantes und abwechslungsreiches Leben, ging oft aus, reiste viel, kannte Gott und die Welt – und ich war müde ... Nicht grundsätzlich, nur einfach so. Ich war es müde, immer wieder meine Geschichte zu erzählen, mich und meinen Beruf als Coach für Singles zu erklären, immer wieder Verliebtheit zu entwickeln, immer wieder Hoffnung zu haben, immer wieder enttäuscht zu sein. »Weißt du, was ich mir wünsche?«, hatte ich kurz zuvor zu einer Freundin gesagt. »Ich wünsche mir einen Mann, der mich seinen Freunden mit den Worten ›Das ist sie!‹ vorstellt.«

Jahrelang hatte ich behauptet, niemals heiraten zu wollen, denn dann hätte ich etwas versprechen müssen, von dem ich gar nicht sicher sein konnte, dass ich es wirklich halten könnte. Das war nicht mein Stil. Doch langsam merkte ich, dass ich log. Dass ich die anderen belog und vielleicht auch mich selbst: Es war tatsächlich nicht mein Stil, etwas zu versprechen, von dem ich nicht überzeugt war, aber ich wollte endlich überzeugt sein. Und ich wollte jemanden kennenlernen, der so überzeugt von mir war, dass er mich heiraten wollte. Ich wollte jemanden, der mich wirklich wollte.

Meine letzte Beziehung war genau daran gescheitert. Ich hatte nicht das Gefühl gehabt, dass er mich wirklich wollte. Er war einfach da gewesen – aber das war irgendwann nicht mehr genug. Ich war müde und entnervt, und ich glaubte langsam, dass es für mich eben keinen Mann gab, der kein Kompromiss war. Und deshalb wollte ich eigentlich auch gerade niemanden kennenlernen. Zumindest hatte ich keine Lust darauf, mich zu verlieben oder einen Partner zu suchen. Nein, lieber nicht.

Freunde hatten mir von diesem verrückt genialen Musiker aus Berlin erzählt, den ich mir unbedingt mal anhören sollte. Als ich ihn zum ersten Mal auf YouTube sah, dachte ich: »Ach, ist der herrlich bekloppt.« Kurz danach schrieb er mir bei der Musikerplattform Myspace und bat mich, doch mal seine neuen Songs anzuhören. Ich erinnerte mich an den Tipp der Freunde und fand die Musik so gut, dass ich ihm eine nette Notiz in seinem Gästebuch hinterließ. Ich fand ihn gut, so wie ich viele Musiker und ihre Musik einfach gut fand. Ich hätte im Leben nie gedacht, dass das passieren würde: Claudius Mach schrieb zurück.

»Ich heirate meinen Pudel«, erzählte ich meinen Eltern und Freunden. Ohne große Schmerzen zu verspüren, hatte ich es in diesem Jahr aufgegeben, eine passende Partnerin zu »suchen«. Meine Nachbarin sprach den historischen Satz: »Man sucht nicht, man wird gefunden.« Immer wieder verliebte ich mich in den gleichen Frauentyp und fand mich nach einiger Zeit genauso unglücklich und unzufrieden wieder wie beim vorherigen Versuch, eine glückliche Beziehung zu führen. Mir fiel auf, dass ich Frauen anzog, die mit einer gewaltigen Ladung Probleme durchs Leben liefen. Ich hätte nie gedacht, dass ich einen bestimmten Frauentyp bevorzugte, doch dem war offensichtlich so. Ich suchte mir komplizierte Frauen aus, die alle nicht ganz »gesund« waren, weil ich mich selbst als problembehaftet ansah.

Ich spürte, dass ich nur eine Chance hätte, wenn ich endlich auch die Frauen »sehen« würde, die nicht meiner bisherigen Voreinstellung entsprachen. Wenn ich schon nicht bewusst glücklich werden konnte, so wollte ich wenigstens das aus meinem Leben verbannen, was mir nicht guttat. Ich widmete meine Aufmerksamkeit meinen Eltern, denn sie würden nicht ewig leben, und meinem Hund. Ich hatte keine Lust mehr auf die ganzen Hochs und Tiefs neuer Beziehungen: sich gegenseitig neue Namen zu geben, eine gemeinsame Geschichte und Identität aufzubauen. Ich war müde von Frauen, die meinten beweisen zu müssen, wie besonders und ungewöhnlich sie waren, so dass sie in Fensterrahmen nächtliche Tänzchen aufführten, und war genervt von Eifersucht, Enttäuschung und Trennungen. Ich war an diesem tristen Novembertag überzeugt, dass ich nie heiraten würde, hielt meiner Band eine Ansprache über die Sinnlosigkeit von allem, ging fröstelnd nach Hause und machte meinen Computer an.

Neben dem Satz »Hallo Claudius, tolle Songs, aber das habe

ich auch nicht anders erwartet« in meinem Myspace-Gäste-buch sah ich das Bild einer wunderhübschen dunkelhaari-gen Frau, die lachend und voller Lebensfreude den Kopf in den Nacken warf. *Wie bitte?* Das Blut schoss mir durch die Adern, und die Temperatur in meiner Kreuzberger Wohnung erhöhte sich schlagartig um mindestens drei bis vier Grad. *Wie kann diese Frau so was sagen? Sie kennt mich doch gar nicht – woher dieses Vertrauen?* Ich fühlte mich wohl, alles war warm und hell. Mein Hund räkelte sich behaglich neben mir, und ich sagte, ohne darüber nachzudenken, zu ihm: »Leo, diese Frau werden wir heiraten.«

Zunächst schrieben wir uns gegenseitig nette Dinge in unser Gästebuch, dann schrieben wir uns Nachrichten. Recht bald stellte sich heraus, dass keiner von uns beiden in einer Beziehung war. Wir begannen, uns Lieder zu schicken, die wir mochten und mit denen wir uns natür-lich auch Botschaften vermitteln wollten. Wir schickten uns Links zu Videos, in denen wir einander sehen konn-ten, und Geschichten aus unserer Kindheit, tauschten uns darüber aus, was wir mochten und wie wir die Welt sahen. Beim ersten Telefonat – nach 14 Tagen und etwa 100 geschriebenen Nachrichten – haben wir eigentlich nur verlegen gelacht, aber danach konnten wir beide kaum noch schlafen.

»Das muss aufhören«, sagte ich zu Claudius beim nächsten Telefonat. »Ich kann nicht mehr schlafen, und ich kann auch nicht mehr arbeiten! Ich denke die ganze Zeit nur an dich, und dabei kenne ich dich doch eigentlich gar nicht!« Claudius wirkte betroffen: »Wie meinst du das, das muss aufhören?« Ich meinte damit, dass ich einen Realitäts-abgleich brauchte. Ich hatte beschlossen, dass ich nicht länger meine Tage damit verbringen wollte, mir vorzustellen, wie dieser Mann im echten Leben sein könnte. Ich wollte ihn sehen – und riechen – und anfassen! In den letzten Tagen hatten wir beide immer wieder nach Gelegenheiten in der näheren Zukunft gesucht, die eine Reise von Hamburg nach Berlin oder andersherum notwendig machten und die einen Besuch beim anderen ermöglichten, aber darauf hatte ich keine Lust mehr. Ich wollte diesen Mann kennenlernen – direkt und ohne Vorwand.

»Ich muss jetzt auflegen«, sagte ich zu Nina. »Warum?«, fragte sie. »Weil ich meine Wohnung putzen muss!« Sie lachte. Ich begann tatsächlich, meine Wohnung aufzuräumen und zu putzen. Ich bin kein unordentlicher Typ, aber ich wollte einen möglichst guten ersten Eindruck auf sie machen, und dafür hat man bekanntlich nur eine Chance. Nachts um eins fiel ich ins Bett, es war eine aufregende Nacht. Ich hatte ohnehin schon immer Schlafprobleme gehabt, aber die Aussicht auf Ninas Besuch am nächsten Vormittag ließ mich nicht zur Ruhe kommen. Als es um Punkt 11 Uhr an meiner Tür klingelte – wie sie es angekündigt hatte –, war das viel zu früh.

Ich war noch nie in meinem Leben so pünktlich. Um 10:58 Uhr hatte ich einen Parkplatz gefunden, meine Jack-Russell-Terrier-Lady Luzie angeleint und ging mit einem Puls von etwa 150 die Straße entlang zu der Adresse, die Claudius mir genannt hatte: ein schönes, typisches Berliner Eckhaus mit einem Bioladen im Erdgeschoss und Blick auf das Tempelhofer Ufer. Irgendwo läutete eine Glocke die volle Stunde, als ich auf die Klingel drückte. Ich entschied mich, die Treppe zu nehmen und meine Luzie vorauslaufen zu lassen. Ich fühlte mich, als hätte ich Fieber – meine Körpertem-

12

peratur war mindestens drei Grad über Normal. Das Blut rauschte mir in den Ohren, als ich dann tatsächlich vor ihm stand.

Ich öffnete die Tür, und ein kleiner weißer Hund schoss an mir vorbei. Vor mir stand der echteste Mensch der Welt in einem Wintermantel, absolut wahr und live und schön ohne Photoshop. Sofort war alles um mich herum wieder von dieser unglaublichen Wärme erfüllt, und ihr schien offensichtlich ebenfalls sehr warm zu sein: Sie dampfte förmlich. Und sie sagte nach gefühlten zehn Minuten, die wir uns im Türrahmen gegenüberstanden: »Möchtest du mich nicht hereinbitten?«
Ich war total durcheinander. »Ja ... Ja! Ja, natürlich. Komm doch bitte herein.«

Ich sah mich in der Wohnung um: geschmackvoll, aber nicht gestylt, gemütlich, aber nicht verkramt, ordentlich, aber nicht penibel ... Er hatte quasi-lebendige, grüne Zimmerpflanzen, und auf dem Fensterbrett stand ein Foto von seiner Nichte. Eine Wohnung, in der ich mich sofort wohl fühlte – anders als die Junggesellenbuden, Rumpelkammern und sterilen Designkathedralen mit Stereoanlage, die ich bisher in meinem Leben kennengelernt hatte. Da standen wir nun und redeten. Obwohl – ich kann mich nur noch daran erinnern, dass er redete. Und redete und redete ... Er war wohl mindestens genauso nervös, wie ich – dabei hätte ich mir so sehr gewünscht, dass er mich einfach erst mal umarmt. Geredet hatten wir in den letzten Wochen ja eigentlich schon lange und oft genug ...

»Kannst du mich bitte mal umarmen?«, rissen mich ihre Worte aus dem Strom von Gedanken und Nervosität, so dass ich erst mal kurz verwirrt war. Ich war so nervös, ich muss geplappert haben wie ein Schulmädchen. Außerdem war ich erregt in ihrer Anwesenheit, und das sollte sie auf keinen Fall merken. Oh Mann, war das alles peinlich.

Hatte ich das gerade wirklich laut gesagt? Er schaute mich für einen Moment völlig perplex an. Dann lächelte er und umarmte mich. In diesem Moment wusste ich: Genau so sollte sich das anfühlen. Wir beschlossen, dass wir spazieren gehen sollten, schon alleine der Hunde wegen. Als wir vom Spaziergang zurück zu seinem Haus kamen, standen Freunde von ihm vor dem Laden an der Ecke. Als wir auf sie zugingen, legte Claudius seinen Arm um mich und sagte: »Das ist sie!«
In diesem Moment wusste ich, dass ich ihn heiraten wollte. Zwei Stunden, ein paar Küsse und zwei Tassen Kaffee später fuhr ich wieder zurück nach Hamburg. »Den heirate ich!«, sagte ich zu meiner Freundin. »Du spinnst!«, sagte sie. »Du kennst ihn doch gar nicht!«
Drei Tage später kam Claudius Mach nach Hamburg und machte mir einen Heiratsantrag.
Ich habe ja gesagt.

Jedes Mal, wenn wir irgendwo erzählen, wie wir uns kennengelernt haben, ist die Reaktion der Zuhörenden irgendwo zwischen fasziniert, ungläubig, schockiert und verzaubert. Es klingt ja auch wie ein Märchen. Wer wünscht sich nicht, dass er (oder sie) einen Menschen kennenlernt und sich direkt verliebt – und dass dies dann auf Gegenseitigkeit beruht und zu einer innigen, liebevollen, festen Beziehung führt?
Aber wer glaubt, dass es wirklich passiert? Und noch

14

wichtiger: Wer wäre bereit, sich darauf einzulassen? Seinen Teil dazu beizutragen?
Wer hätte den Mut, den Sprung zu wagen? Sich zu offenbaren? Ehrlich zu sein? Ein Risiko einzugehen? Die dicke Schicht aus vorgetäuschter Selbstsicherheit, Sarkasmus und Ironie zu durchbrechen, die so viele von uns vor sich hertragen, und einfach »echt« zu sein?
Was ist nötig, damit aus einer »Beziehung« eine »Partnerschaft« wird?
Dieses Buch ist eine Reise. Es ist unsere Reise, und es kann auch Ihre Reise werden. Ein Buch für Verliebte – für alle, die es sind, die es (wieder) werden und bleiben wollen.
Wir sind seit 2008 verheiratet, und unser Lieblingswitz geht so: »Laut wissenschaftlichen Erkenntnissen hält Verliebtheit maximal zwei Jahre!«
Ja, es ist wohl richtig, dass diese hibbelige Nervosität mit der Zeit etwas nachlässt – das haben wir jedoch beide als durchaus angenehm empfunden. Doch das Gefühl von Verliebtheit im Sinne von starker Zuneigung und Begeisterung für den anderen, das kann sehr lange bleiben und sogar wachsen, wenn man es zulässt und hin und wieder etwas dafür tut. Wenn man sich und seinen Partner nicht verstrickt in diese Netze aus Schuld, Rache, Angst und Misstrauen, dann wächst eine Beziehung, das Gefühl der Verliebtheit bleibt.

Es ist möglich, jenseits aller Rollenmodelle und aller gesellschaftlichen Trends und Themen einfach verliebt zu sein in den eigenen Partner.

Das Schönste an einer Partnerschaft ist, möglichst lange und immer wieder aufs Neue das Glück zu erleben, das die liebevolle Verbundenheit mit einem Menschen mit sich bringen kann.

Nicht zuletzt deshalb ist dies ganz ausdrücklich ein Buch für beide Partner einer Beziehung – auch wenn es vielleicht nur einer liest. Das genügt vollkommen.

Wir haben dieses Buch geschrieben, um unsere Erfahrungen mit anderen zu teilen, Mut zu machen, auch uns selbst. Über den »schlimmen« Streit von damals können wir heute lachen – und mehr noch: Er hat uns weitergebracht. Und genau das wünschen wir unseren Lesern: dass ihre Beziehung Probleme aushält, dass sie an diesen Schwierigkeiten wachsen und erkennen, wie sehr es sie zusammenschweißt, was eigentlich trennen könnte.

Wir sind wohl nicht unbedingt »Durchschnittsmenschen«, und unser Tagesablauf unterscheidet sich vermutlich drastisch von dem der meisten, aber was wir für- und miteinander tun, ist keine Frage von Beruf oder Lifestyle: Es ist eine Frage der Entscheidung. So wie wir uns selbst für unsere Berufe und unsere Art zu leben entschieden haben, entscheiden wir uns jeden Tag füreinander, und das kann jeder.

Kommen Sie mit uns auf die Reise, und erleben Sie, dass die Liebe und eine Partnerschaft wie ein Vergnügungspark sind, in dem es alle nur erdenklichen Attraktionen gibt: Achterbahnen, Karusselle, Süßigkeiten und Ballons, aber auch verwirrende Spiegelkabinette und gruselige Geisterbahnen! Viel Spaß!

Für immer verliebt?

»Da bist du ja.« Strahlend kam mir mein Mann auf dem Bahnsteig entgegen und umarmte mich. »Du siehst toll aus!«, sagte er und nahm mir meine Tasche ab. »Frisch verliebt!?«, schmunzelte die ältere Dame, die mir im Zug zuletzt gegenübergesessen hatte und die jetzt auf dem Bahnsteig an uns vorbeiging. Wir mussten beide lachen: frisch verliebt seit gut sechs Jahren. Doch solche Bemerkungen hören wir häufig und interessanterweise immer öfter, je länger wir zusammen sind. Und hier findet sich ein deutlicher Hinweis auf die allgemeine Einstellung unserer Gesellschaft zu Liebe und Verliebtheit: Wenn zwei Menschen sich freuen, einander zu sehen, und wenn sie aufmerksam füreinander sind, dann können sie sich noch nicht sehr lange kennen. Das vermuten die meisten. Einmal nahm das sogar fast groteske Züge an, als wir einem Mann auf eine entsprechende Bemerkung antworteten, wir seien seit fünf Jahren verheiratet, und er darauf meinte: »Na, aber ja wohl nicht miteinander!?«

Kann man dauerhaft verliebt sein? Oder ist es tatsächlich normal, dass man nach einiger Zeit nicht mehr verliebt ist? Und falls das so wäre, bedeutet das unweigerlich, dass man sich keine Aufmerksamkeit mehr schenken oder nicht mehr freundlich zueinander sein sollte? Mitnichten … Aber was ist das eigentlich: Verliebtheit? Und wie und warum entsteht sie überhaupt?

Frisch verliebt

Das Gefühl, verliebt zu sein, ist so ziemlich das Aufregendste der Welt. Vor allem, wenn es plötzlich aus dem Nichts auftaucht. Das A und O für eine richtige Verliebtheit ist vermutlich Begeisterungsfähigkeit. Denn richtig verliebt zu sein bedeutet, von seinem Gegenüber einfach total und völlig begeistert zu sein beziehungsweise sich für den anderen zu begeistern. Eine Fähigkeit, die wir beide offenbar im Übermaß besitzen. Wir haben uns beide schon immer recht gerne verliebt, weil wir uns gerne begeistern. Diese Eigenschaft kann selbstverständlich tückisch sein – oft sind wir damit auf die Nase gefallen und waren enttäuscht, wenn unsere Träume sich als substanzlose Fantasien entpuppten, die nur wenig mit der Realität zu tun hatten oder sich zumindest irgendwann auflösten. Grundsätzlich jedoch ist Begeisterungsfähigkeit eine Grundvoraussetzung für jeden Menschen, der sich verlieben möchte. Wir alle tragen einen sogenannten »inneren Kritiker« in uns, der uns vor Gefahren oder Selbstüberschätzung warnt, der jedoch auch – lässt man ihn gewähren und nimmt ihn zu ernst – dafür sorgen kann, dass man auf ziemlich viel Spaß im Leben und neue Erfahrungen wie eben Verliebtheit verzichtet.
In unserem Fall haben rund 50 E-Mails, 10 Videos, 30 Fotos und 20 Lieder, die wir uns innerhalb von etwa zwei Wochen gegenseitig schickten, die Begeisterung nach und nach derartig potenziert, dass unser innerer Kritiker irgendwo gefesselt und geknebelt in den Tiefen unseres Verstands begraben lag, oder vielleicht hatte er einfach aufgegeben und war in den Urlaub gefahren.

Oder um es mit anderen Worten zu sagen: O Gott, waren wir hysterisch!

Ich fuhr mit den Ausdrucken der Fotos, die Nina mir gesendet hatte, zu meinem Cousin Harald. In der Vorweihnachtszeit gab es bei ihm jedes Jahr einen liebevoll zubereiteten Braten, den er mit guten Freunden und ein paar leckeren Bieren zelebrierte. Rückblickend schildert mein bester Freund Uli den Moment meines Eintreffens bei Harald so: »Du kamst erhobenen Hauptes mit schwungvollem Gang durch die Tür und sahst aus wie ein charismatischer Großgrundbesitzer.«
Mit einem Wortschwall der Begeisterung zeigte ich ihnen ekstatisch meine Fotos von Nina und machte ihnen klar, was für eine unfassbar fantastische Frau sie in meinen Augen war und dass dies was ganz Großes werden würde mit uns beiden. Dabei hatte ich sie zu diesem Zeitpunkt noch nicht einmal persönlich getroffen. Uli und Harald waren dennoch im Nu angesteckt und johlten wie vergnügte Jungs auf dem Spielplatz.
Wir betrachteten die Bilder und versuchten, aus ihnen herauszulesen, was sie nur preisgaben: über ihr Umfeld, ihre Wohnung, ihre Freunde und so weiter. Uli riss mir ein Foto aus der Hand und feixte: »Du hast echt Glück, das mich fast ein wenig neidisch macht, so ein feuchtfröhlich feierndes Früchtchen abbekommen zu dürfen.« Auf dem Bild sahen wir Nina bei einer Silvesterfeier mit einem weiten, offenen Lachen – so frei, herzlich und vergnügt, dass es schon auf dem Foto anstreckend war. Was auf dem Tisch stand, gab zu erkennen, dass Nina keine Gelegenheit ausließ, das Leben in vollen Zügen zu genießen – und genau so wollte ich leben. Ich wollte unbedingt zu ihr und herausfinden, ob sie gut roch und so fantastisch war, wie ich es mir ausmalte. Ich war be-

reits völlig aus dem Häuschen – sogar meinen Eltern und meiner Oma hatte ich die Bilder und Zeitschriftenartikel von Nina gezeigt. Auch wenn ich mich grundsätzlich schon immer gerne begeistern ließ: Diesmal war ich kurz davor, zu platzen!

Dieses Gefühl nahm sogar noch zu, nachdem Nina mich zum ersten Mal besucht hatte. Kaum war sie aus der Tür, saß ich an meinem Klavier, und ein Lied strömte regelrecht aus mir heraus. Es hieß »Willst du?« und sollte mein Heiratsantrag werden.

Ich hatte Claudius' Wohnung kaum verlassen und war zurück auf dem Weg nach Hamburg, da rief mich eine Freundin an und wollte wissen, wie »er« denn nun wirklich war. Tagelang hatte ich sie bereits genervt und ihr Fotos und Videos von Claudius gezeigt und mit ihr darüber spekuliert, wie er wohl so sein würde als Mensch – »in echt«. Als Antwort auf ihre Frage hatte ich nur einen Satz: »Den heirate ich!« Sie war regelrecht schockiert: Bereits über ein Jahr machte sie mit einem Typen herum, der keine Lust hatte, eine Beziehung mit ihr einzugehen. Sie war schon völlig am Ende, weil sie nicht akzeptieren konnte, dass er gerne ab und zu Sex mit ihr hatte und ihr dafür auch nette Dinge sagte, sonst aber kein weiteres Interesse an ihr hatte. Dass ich diesen Claudius gerade zum ersten Mal für knappe drei Stunden getroffen hatte und davon überzeugt schien, ihn heiraten zu wollen, war unbegreiflich für sie.

Dass Claudius dann drei Tage später wirklich vor meiner Tür stand und mich im Verlauf des Abends (mehrfach) bat, seine Frau zu werden, klingt im Nachhinein auch für mich verrückt … Vor allem, weil ich jedes Mal aus vollem Herzen »ja« gesagt habe.

Ich erinnere mich noch an einen Abend auf der großen

Weihnachtsfeier eines beruflichen Netzwerks – es war wenige Tage nach Claudius' Besuch bei mir: Jeder, der mich an diesem Abend fragte, wie es mir ging, bekam ein vermutlich völlig überdrehtes »Ich heirate!« zur Antwort. Die häufigste Reaktion darauf war folgerichtig: »Was? Äh, wen?« Kein Wunder, dass kaum einer das ernst nahm … Die meisten meiner Bekannten müssen gedacht haben, dass ich angefangen hätte, Drogen zu nehmen.

Im Nachhinein auch gar nicht so falsch, denn im sogenannten »Rausch der Verliebtheit« passiert im Körper genau das, was man sonst mit Drogen zu erreichen versucht: Trifft man jemanden, den man wirklich toll findet, und lässt sich von diesem Menschen begeistern und mitreißen, entwickelt man romantische Zukunftsfantasien und sexuell motivierte Neugier, dann entsteht Verliebtheit. Der Körper beginnt mit der Ausschüttung von Glückshormonen: Serotonin zum Beispiel, aber auch Endorphine. Das eine macht verträumt glücklich, die anderen hysterisch glücklich – aber wirken sie zusammen, machen sie auf Dauer blöd. Genau das ist wohl auch der Grund, warum Verliebte sich so seltsam benehmen, manchmal sogar regelrecht durchdrehen und ihre Freunde nerven mit Rosa-Brille-Geschichten. Der innere Kritiker, der sonst vor unvernünftigen Aktionen Einspruch erhebt oder doch wenigstens warnt, ist angesichts einer solchen Überdosis Glückshormone handlungsunfähig. In dieser Phase der Verliebtheit ist man tatsächlich nicht ganz zurechnungsfähig. Dies erklärt womöglich auch, warum man »kleine Macken« des zukünftigen Partners einfach übersehen oder sogar liebenswert finden kann – selbst wenn es sich möglicherweise um Dinge handelt, die einen später den letzten Nerv kosten.

Interessanterweise ist dies jedoch kein Zustand, der aus heiterem Himmel über einen kommt oder nicht: Verliebtheit hat etwas mit einer bewussten Entscheidung zu tun. Menschen, die uns in Coachings oder Seminaren erzählen, dass sie noch nie richtig verliebt waren, zeichnen sich häufig durch ein hohes Maß an Selbstkontrolle aus, einen regelrechten Kontrollzwang (auch über andere) oder tiefsitzende Ängste und ein damit einhergehendes (übertriebenes) Sicherheitsbedürfnis. Ihr innerer Kritiker ist ihr stärkster Persönlichkeitsanteil, der bestimmt, wo es hingeht (oder besser gesagt: wo es überall nicht hingeht). Und genau das unterbindet die Fähigkeit zur Verliebtheit zuverlässig und nachhaltig.

Verliebtheit kann nur entstehen, wenn ich bereit bin, mich hinzugeben und auch mal ein Risiko einzugehen.

Verliebtheit entsteht, wenn ich bereit bin, die Kontrolle aufzugeben, und wenn ich bereit bin, ein Abenteuer zu erleben. Zugegeben: Das ist alles andere als sicher oder kontrollierbar, denn das Wesen des Abenteuers ist es doch, dass man ja gerade nicht weiß, was als Nächstes passiert oder wie es endet.

Warum aber findet man eigentlich jemanden toll? Der Paarpsychologe Dr. Michael Lukas Moeller beschreibt in seinen Büchern sehr anschaulich (aber auch ein wenig verstörend), wie Verliebtheit sich aus der Sicht des psychoanalytischen Lehrsatzes entwickelt: »Unbewusstes erkennt Unbewusstes irrtumslos«, erklärt er. Mit »geistergleicher Genauigkeit«, wie Moeller es nennt, suchen wir uns einen Menschen aus, der zwei Eigenschaften für uns verkörpert: die Möglichkeit, traumatische Beziehungserlebnisse zu re-inszenieren, und die Aussicht, selbige mit diesem Menschen aufzulösen. Man könnte auch sagen: Ohne dass wir das bewusst steuern, verlieben wir uns in einen Menschen, der Emotionen in uns auslöst, an die wir alleine nicht herankommen, die aber irgendwie wichtig für uns sind. Etwas an diesem Menschen erinnert uns an etwas, das wir kennen oder von dem wir uns wünschen, dass wir es gerne hätten oder selber wären. Etwas, das wir vermisst haben – und das muss nicht immer etwas »Positives« oder Angenehmes sein.

Entscheidend für unsere Beurteilung des abstrakten Begriffs »Liebe« ist, was wir von unseren Eltern darüber »gelernt« haben: Unsere Beziehung zum Vater und zur Mutter und deren Beziehung zueinander sind unsere ersten und stärksten Modelle und prägen alles, was in unserem späteren Leben mit Liebe zu tun hat. So kann auch ein Mensch, der eigentlich gar nicht »unser Typ« ist, durch eine bestimmte Verhaltensweise oder seine generelle Art etwas in uns berühren, das ein Gefühl von Verliebtheit auslöst.

Man muss also fairerweise gestehen, dass die Verliebtheit in einen Menschen zum Teil mit diesem Menschen selbst gar nicht so viel zu tun hat, sondern vorrangig mit den Gefühlen, die er in uns »wachruft« und die ihre Wurzel im Regelfall irgendwo in unserer Kindheit haben. Entscheidend für die Verliebtheit und ihre Stärke ist jedoch die Bereitschaft, sich auf dieses Abenteuer einzulassen und sich aktiv zu begeistern.

Hat man sich einmal dazu entschieden, gibt es kein Halten mehr: Der Körper produziert diesen unwiderstehlichen Drogencocktail aus Glücks- und Stresshormonen, die von uns als »Schmetterlinge im Bauch« wahrgenommen werden. Und davon waren auch bei uns reichlich vorhanden.

Der »Trick« an der Verliebtheit ist, dass man bereit ist, sein Gegenüber ausschließlich (und durchaus sehr übertrieben) positiv zu sehen und zu bewerten. Alles, was der andere macht, ist toll, interessant, aufregend oder liebenswert. Und damit nicht genug: Mit der Kraft der Glückshormone katapultieren wir uns in Fantasien hinein, die den Körper dazu bringen, noch mehr Hormone zu produzieren. Wir schweben auf Wolke sieben, und das beständige positive Feedback des verliebten Partners und die Aufregung, ob dieses gegenseitige Gefallen anhalten wird, sorgen dafür, dass der Strom der Hormone reichlich fließt und nicht abreißt.

Für Außenstehende ist das wahrlich kein Vergnügen: Sich als »Normaler« mit zwei Verliebten zu unterhalten ist ein bisschen, als würde man stocknüchtern versuchen, ernsthafte Konversation mit zwei völlig Besoffenen zu betreiben.

Vielleicht nennt man es deshalb auch »Ernüchterung«, wenn die Verliebtheit mit der Zeit nachlässt. Das ist nichts grundsätzlich Schlimmes, denn starke Verliebtheit ist medizinisch gesehen auf Dauer tatsächlich nicht sehr gesund. Das Übermaß der Hormone in diesem Zustand ist und bleibt nun mal ein Ungleichgewicht.

Verliebtheit – der Schlüssel zum Glück

Könnte man also schlussfolgern: Für immer verliebt zu sein ist nicht nur unmöglich, sondern sogar ungesund? Nicht ganz: Verliebtheit ist ein sehr stark empfundenes Glücksgefühl, und in den letzten Jahren hat sich besonders in der westlichen Welt eine Wissenschaft entwickelt, die sich »Glücksforschung« nennt. Es ist sogar eine regelrechte »Glücksindustrie« entstanden: Unzählige Trainer, Coachs und Berater beschäftigen sich mit nichts anderem als den Möglichkeiten, wie man dauerhaft glücklich(er) sein kann. Hunderte von Büchern geben uns Auskunft darüber, wie wir es bewerkstelligen können, möglichst oft und immer wieder auf Wolke sieben zu schweben und den Alltag leicht und heiter zu meistern. Selbst dieses Buch hat Sie vielleicht gerade deshalb angesprochen, weil es Ihnen verrät, was Paare wirklich glücklich macht. Und letztlich ist es doch das, was wir uns wünschen: ein Rezept, um öfter, länger glücklich sein zu können – uns einfach gut zu fühlen.

Ein Fazit aus der bisherigen Forschung ist: Die Glückshormone, die uns in diese drogenrauschähnlichen Hochgefühlszustände katapultieren, werden von unserem Körper als »Belohnung« ausgeschüttet, und zwar immer dann, wenn wir zum Beispiel »neues Terrain« erobert haben. Wenn wir uns überwunden und uns an etwas Neues gewagt haben. Oder wenn wir etwas Großes erreicht haben. Wenn wir in der Lage sind, unsere Umwelt besonders positiv zu beurteilen, oder wenn wir zum Beispiel Sex hatten. Nicht die Umwelt bestimmt über unser Glücksgefühl, sondern vorrangig unsere eigene Wahrnehmung, gepaart mit unserer Bewertung dessen, was wir wahrnehmen. Nur leider haben die meisten von uns gelernt, alles um sich herum zunächst kritisch zu betrachten und nach dem »Haar in der Suppe« zu suchen.

Es ist zwar tatsächlich gar nicht sinnvoll, in einem dauerhaften Glückszustand zu schweben, wollen wir unser Überleben sichern, weil er uns unter anderem unkritisch und damit leichtsinnig macht. Was wir auf Dauer erreichen können, ist: das Leben und all seine (manchmal auch unerwünschten) Begleitumstände einfach lockerer zu sehen und den inneren Kritiker nicht immer so ernst zu nehmen. Wenn wir bewusst in unserer Umwelt auf »Chancen für Glücksmomente« achten, schaffen wir damit selbst die Voraussetzungen, öfter Glück zu haben bzw. zu finden. Dann muss der eine Glücksmoment auch nicht mehr ewig andauern.

Es ist nicht nur normal, sondern auch gesünder für uns, wenn dieser rauschhafte Zustand des schmetterlingsgleichen Hochgefühls mit der Zeit etwas nachlässt. Allerdings ist es möglich und gar nicht so schwierig, eine Partnerschaft auch langfristig lebendig, bunt und interessant zu gestalten und den Zustand glücklicher Verliebtheit auch nach vielen Jahren der Partnerschaft mit genau diesem Partner immer wieder wachzurufen und zu erleben. Viele Paartherapeuten und Autoren raten zu bestimmten Ritualen – und sicher werden auch wir Ihnen ein paar Vorschläge anbieten, wie Sie Ihren (Beziehungs-)Alltag bereichern können. Doch das ist unserer Meinung nach eher »Oberflächenkosmetik«: Die Beziehung mit Ritualen und Aufmerksamkeiten aufzupeppen garantiert nicht, dass die Liebe bleibt oder sogar wächst. Ein Ritual nützt nur, wenn wir die Emotionen, mit denen das Ritual aufgeladen ist, auch nach wie vor spüren.

Um das erreichen zu können, ist es hilfreich, einmal genauer zu betrachten, wie wir Beziehungen führen. Wir hatten das Glück, dass wir uns begegnet sind, als wir gerade beide bereit und neugierig darauf waren, die Art, wie wir leben, zu hinterfragen, warum wir tun, was wir tun. Wir wollten unserem Leben mehr Sinn geben und unser »Leiden« beenden. Mit Leiden meinen wir jede Form von schmerzenden Gefühlen wie Angst, Wut, Unsicherheit,

Einsamkeit, Unzulänglichkeit und so weiter. Es war eine glückliche Fügung, dass wir uns begegnet sind und dass wir miteinander sowie aneinander sehr viel über uns selbst und das Leben lernen konnten. Wir wissen, dass unsere Reise und auch der damit verbundene Lernprozess noch lange nicht beendet sind, aber die Erkenntnisse und Geheimnisse, die wir bisher entdeckt haben, sind so spannend und hilfreich, dass wir sie unbedingt teilen möchten. Wir sind überzeugt: Wenn mehr Menschen entdecken und erleben könnten, was wir entdeckt haben, würde sich die Scheidungsrate drastisch nach unten bewegen, und die Menschen wären sehr viel glücklicher. Dies war der Ausgangspunkt für dieses Buch.

Dies sind unsere Grundüberlegungen:

 Eine echte Partnerschaft verändert das Leben und damit den Menschen.

In unserer Praxis als Coachs haben wir festgestellt, dass die meisten Menschen, die sich einen Partner wünschen, sich (noch) nicht vorstellen können, dass ein Leben in einer echten Partnerschaft das Leben an sich verändert, also ihre Art zu leben und damit auch die beiden betroffenen Menschen selbst. Viele Partnersuchende wünschen sich »einen Menschen an ihrer Seite« – dabei sehen wir häufig, dass der Partnersuchende sich vorstellt, dass fast alles bleibt, wie es ist, und dass da einfach »noch einer ist«. Dass man ein paar neue Freunde gewinnt, nicht mehr alleine ist und ein paar Kompromisse machen muss. Das kann man so machen. Man muss sich dann allerdings nicht wundern, dass aus keiner dieser Beziehungen wirklich eine Partnerschaft wird und dass es meist auch nicht lange gutgeht, geschweige denn lange hält.

Den meisten Menschen ist nicht bewusst, dass es für ein Zusammenleben in Partnerschaften so etwas wie »ungeschriebene Gesetze« gibt, die jeder von uns unbewusst durch Nachahmung erlernt. Nachahmung dessen, was einem in der Ursprungsfamilie vorgelebt wurde – Verhaltensweisen, Denkweisen, Muster, Glaubenssätze, »Regeln«, wie eine Beziehung sein soll und wie man selbst in der Beziehung sein soll, darf oder sogar sein muss. Durch die starke Veränderung unserer Gesellschaft in den letzten 50 Jahren allerdings sind viele dieser »Regeln« für das Zusammenleben und ein gemeinsames Glück nicht mehr sinnvoll oder zum Teil auch nicht mehr anwendbar. Dies ist anhand der sogenannten Maslowschen Bedürfnispyramide[1] gut erkennbar:

In der Generation unserer Großeltern waren Mann und Frau in einer Partnerschaft aufeinander angewiesen. Durch die äußeren Umstände (wie z. B. Krieg) beschränkten sich die Bedürfnisse und der Lebensinhalt häufig nur auf das Überleben und die Sicherheit. Man empfand eine gegenseitige Wertschätzung füreinander, für die Erfüllung gewisser Anforderungen und Bedürfnisse. Mit anderen Worten: Die wichtigen Dinge des Lebens – auch innerhalb der Partnerschaft – spielten sich in den beiden untersten Ebenen der Bedürfnispyramide nach Maslow ab. Eine gute Ehe war gekennzeichnet durch zum Beispiel den Wert der Verlässlichkeit des Partners. Es war über-

---

1 Der US-amerikanische Psychologe Abraham Maslow (1908–1970) beschreibt und erklärt die hierarchische Struktur menschlicher Bedürfnisse und Motivationen anhand einer Pyramide: Maslow stellte fest, dass manche Bedürfnisse Priorität vor anderen haben. Deshalb ordnete er Bedürfnisse zunächst nach fünf größeren Kategorien, beginnend mit den grundlegendsten physiologischen bis hin zu den kognitiv und emotional hoch entwickelten humanen Bedürfnissen. Quelle: Wikipedia.de

Selbst-
verwirklichung

Individualbedürfnisse:
Anerkennung, Geltung,
Erfolg, Unabhängikeit

Soziale·Bedürfnisse:
Freundschaft, Liebe, Gruppenzugehörigkeit

Sicherheitsbedürfnisse:
Stabilität, Materielle Sicherheit (Wohnung, Arbeit etc.)

Grundbedürfnisse/Physiologische Bedürfnisse:
Essen, Trinken, Schlafen, Überleben

haupt keine Zeit und Energie vorhanden und daher auch nicht der Bedarf da, sich Gedanken zu machen, ob man sich in der Partnerschaft auch »verwirklichen« kann.

In den letzten 50 Jahren hat sich der Lebensstandard kontinuierlich verbessert, und damit einhergehend stiegen die Ansprüche und Anforderungen des Einzelnen an sich selbst, an das Leben und in diesem Zusammenhang auch an Partnerschaften und den jeweiligen Partner.

In der Generation unserer Eltern (Menschen der Geburtsjahrgänge etwa 1930–1955) standen die beiden nächsten Hierarchien der Bedürfnisse im Mittelpunkt: Diese Menschen waren im oder kurz nach dem Krieg groß geworden. Neben dem sozialen Bedürfnis nach Freundschaft, Familie und Liebe war es vor allem das Streben nach Anerkennung und Status, das das Gesellschaftsbild ab 1960 stark prägte und worauf sich dann auch unsere Erziehung bezog. Es war wichtig, etwas aus sich zu machen – das hieß: Anerkennung zu erlangen und einen möglichst gut bezahlten, sicheren und angesehenen Beruf zu erlernen. Dafür zählte, was andere über uns sagten und dachten, und es galt stets, einen möglichst guten Eindruck zu machen und »etwas darzustellen«.

In den letzten Jahrzehnten hat sich das mehr und mehr verändert: Neben diesen Individualbedürfnissen streben die meisten Menschen heute zunehmend an, sich selbst zu verwirklichen. Viele Menschen unserer Generation sind nicht mehr zufrieden mit einem Beruf, der nur Geld, Sicherheit oder Ansehen bringt. Wir streben nach Dingen, die uns zufrieden und glücklich machen, die uns Erfüllung bringen. Wir suchen buchstäblich unser Glück – und das entweder in einem erfüllenden Beruf oder einer Leidenschaft, einem »Hobby« oder einem besonderen Engagement für etwas, das uns am Herzen liegt. Doch es gibt noch etwas, das darüber hinausgeht: Hat man erst einmal die Chance zur Selbstverwirklichung und nimmt diese wahr, entdeckt man das Bedürfnis nach Sinn oder Spiritualität. Das kann zum Beispiel das Bedürfnis sein, einen Beitrag zu leisten für die Allgemeinheit, wertvoll zu sein für die Welt oder die Gesellschaft.

All diese Wünsche und Bedürfnisse zeigen sich natürlich auch innerhalb der Partnerschaften: Wir wünschen uns nicht mehr nur einen Partner, der für das Überleben der Familie sorgt wie zu den Zeiten der Großeltern und deren Vorfahren. Wir suchen nicht mehr nur nach einer Partnerschaft, in der man sich ein Haus erarbeiten kann. Und eine Familie, mit der man bei den Nachbarn angeben kann, ist uns lange nicht mehr genug. Wir wünschen uns einen Partner, mit dem wir uns ein Stück weit selbstverwirklichen können – oder der uns zumindest nicht daran hindert.

Die Rollen in der Partnerschaft und der Umgang miteinander bzw. das Verhältnis zueinander haben sich jedoch seit der vorletzten Generation kaum verändert: Trotz Gleichberechtigung und vieler neuer Freiheiten wenden wir immer wieder die Rollenmodelle, Verhaltensweisen und Regeln an, die unsere Eltern uns vorgelebt haben und die diese sich bereits von ihren Eltern abgeschaut hatten – was in vielen Partnerschaften zu Enttäuschungen und Missverständnissen und damit häufig auch zum Ende der Beziehung führt.

Heute erwarten wir deutlich mehr vom Leben – und damit von unseren Partnerschaften, und wir haben gleichzeitig mehr Freiheiten und Möglichkeiten als die Generationen vor uns. Wir haben andererseits aber keinen guten Plan, wie wir all das in unsere Partnerschaften integrieren können, in unser Verhalten dem Partner gegenüber. Schließlich leben wir in einer Gesellschaft des Konsums, der Unverbindlichkeit und der schnellen Bedürfnisbefriedigung.

Liebe ist keine Ware:
Das Paradoxon
der modernen Gesellschaft

Wir können rund um die Uhr einkaufen. Wir werden an jeder Ecke zum Konsum angehalten und dazu ermuntert. Wir arbeiten und bemühen uns um ein hohes Einkommen, um davon Dinge zu finanzieren, die wir häufig

nicht wirklich brauchen, die zu haben aber von uns erwartet wird, um »dabei« zu sein: Markenkleidung, Technik, das neue Telefon eines »Kult-Herstellers« – was gerade angesagt ist, muss man haben ... Das kann einfach
ein Sonderangebot sein oder ein Schnäppchen, dem man
nicht widerstehen kann. Dinge, mit denen wir allenfalls
unsere individuellen Bedürfnisse nach Anerkennung und
Geltung befriedigen.

Wir bekommen Einladungen per Facebook, Twitter,
Xing, Google+ und noch vielen weiteren Diensten elek-
tronisch als Massenmail aus allen Richtungen, und am
liebsten drücken wir »vielleicht« und schauen nach dem
besten Angebot an diesem Tag – oder wir bleiben doch
bequem zu Hause und sehen fern. Wir müssen uns nicht
festlegen – zum Glück gibt es den »Vielleicht«-Button,
und wir »liken« einfach irgendwas, damit unser Gegenüber sich wohl fühlt und wir unserem Sozialbedürfnis
Genüge getan haben. Doch in Wahrheit sind wir einsam.
Wir haben Tausende Möglichkeiten – und wählen keine
aus.

Auch wer keinen Facebook-Account hat, kann sich diesem »System« auf Dauer kaum verschließen: Beachtung,
Wertschätzung und die Aussicht auf ein bisschen Glück
sind menschliche Grundbedürfnisse, nach deren Befriedigung wir immer wieder streben. Allerdings (und auch
das ist menschlich) möchten wir das alles mit dem kleinst-
möglichen Einsatz und dem geringsten Risiko erreichen.
Wir suchen nach dem möglichst permanenten Wohlge-
fühl ohne große Anstrengung.

Kein Wunder, dass wir in unserer Gesellschaft so viele
Süchte salonfähig gemacht haben. Dass wir so gedanken-
los auf die Verlockungen des »einfachen« Glücks herein-
fallen: Alkohol-, Tabletten- und Tabaksucht, Konsum-

sucht, Glücksspiel, Computersucht ... Wir leben in einer Gesellschaft, die dem Einzelnen möglichst viel Verantwortung abnimmt und in der wir zwar jederzeit Zugriff auf alle möglichen Informationen haben, aber letztlich doch das wählen, was uns am stärksten und lautesten angeboten wird. Und das funktioniert für die meisten offenbar ganz gut. Eigentlich verwunderlich. Stellen Sie sich mal vor, Sie müssten das einem Außerirdischen erklären:

Natürlich wird zu Feierlichkeiten mit Sekt angestoßen – nicht etwa mit Apfelsaft, das wäre nicht feierlich. Warum eigentlich? Viele Menschen finden es unwiderstehlich, eine Mischung aus Tabakblättern und Chemikalien anzuzünden und zu inhalieren – obwohl die Verpackung in großen Buchstaben vor den tödlichen Folgen warnt. Doch diese bekannten »Rauschmittel« sind bei weitem nicht die einzigen, die für uns ganz normal sind.

Wir könnten an dieser Stelle noch viele weitere Beispiele aufführen für dieses gesellschaftlich akzeptierte Sucht- und Konsumverhalten. Akzeptiert und sogar staatlicherseits gefördert. Wir sind damit aufgewachsen, wir würden das meiste nie in Frage stellen. Erst mit Abstand betrachtet, fällt uns auf, dass es nicht unbedingt gesund ist. All das beeinflusst die Art, wie wir leben, denken und handeln – auch in Sachen Partnerschaft. Es könnte daher sein, dass Ihnen der ein oder andere Gedanke in diesem Buch zunächst merkwürdig oder fremd erscheint, weil er nicht zu dem »System« passt, an das wir alle uns in vielerlei Hinsicht gewöhnt haben.

Wir selbst haben in unserer Beziehung immer und immer wieder all unseren Mut zusammengenommen und genauer hingeschaut. Haben versucht herauszufinden, wann wir uns in die Keller hinuntergestürzt haben aus

Schuld, Rache und Enttäuschung. Wir haben nach den Ursachen und den »Gegenmitteln« gesucht, damit diese Plagegeister unsere Liebe und unsere Wertschätzung füreinander nicht zerstören. Wir wollten uns nicht einfach auf die Spielchen einlassen, die wir von unseren Eltern und anderen Vorbildern gelernt hatten und die wir in allen vorhergehenden Partnerschaften blind missbraucht hatten.

Je ehrlicher und mutiger wir waren, umso klarer wurde uns, dass vieles auf Missverständnissen beruhte, die wir über Liebe, Verliebtheit und Partnerschaften hatten. Und es ist kein Wunder, dass fast alle Menschen mit diesen Missverständnissen herumlaufen, denn es gibt ja nun mal leider keine Ausbildung für die Liebe. Es gibt nur Hinweise aus verschiedensten Quellen, deren Glaubwürdigkeit äußerst subjektiv zu bewerten ist.

Eine Beziehung ist kein Statussymbol.
Die »Regeln« des Konsums und die Idee, etwas
zu investieren, funktionieren nicht in der Liebe.

Aus Schillers »Drum prüfe, wer sich ewig bindet, ob sich das Herz zum Herzen findet!« wird heute häufig genug: »Drum prüfe ewig, wer sich bindet – ob sich nicht noch was Besseres findet.« Wer enttäuscht wurde von Beziehungen, von potenziellen oder verflossenen Partnern, ist nicht selten enttäuscht von der Liebe an sich.
In Coachings und Seminaren hören wir von Menschen häufig Sätze wie: »Ich habe so viel in diese Beziehung investiert.« Da fragen wir dann gerne mal nach, zu welchem Prozentsatz, damit sich der Verlust besser kalkulieren lässt … Man investiert nicht in die Liebe, und man hat nichts zu verlieren: Man liebt, oder man lässt es. Man

lernt aus Fehlern, oder man fühlt sich als Opfer. Man genießt es zu geben und umarmt liebevoll alles, was man empfängt, oder man lässt es sein – und bleibt allein.

Wir alle neigen dazu, Liebe, Beziehung und Partnerschaft in einen Topf zu werfen und die Begriffe austauschbar zu verwenden. Doch das ist ein großer Fehler: Menschen können sich lieben und dennoch keine Partnerschaft führen. Manche Menschen führen eine Beziehung, aber keine Partnerschaft – oder sie lieben sich nicht (mehr).

Aus einer Beziehung kann nur eine wirkliche Partnerschaft werden, wenn man sie nicht nur auf Liebe, sondern auch auf Spielregeln und Erkenntnissen aufbaut. Wozu das gut sein soll? Solche Regeln dienen dazu, dass die Liebe nicht irgendwann verschwindet. Was wir alle wissen: Ohne Liebe wird eine Partnerschaft zur Bürde, zur lästigen Pflicht, die man gerne vernachlässigt, obwohl sie das Schönste sein kann, das wir als Menschen überhaupt zu erleben und erfahren imstande sind. Doch ohne die Kenntnis der Spielregeln sind Täuschungen und Enttäuschung vorprogrammiert, und die Liebe hat wenig Chance auf dauerhaftes Wachstum.

Wer es schafft, das Wesen der Liebe zu erfassen und nach selbst gegebenen Spielregeln zu leben, wird erkennen, dass ein dauerhaftes Verliebtsein nicht nur möglich ist: Es ist quasi die direkte und sich immer wieder selbst erneuernde Konsequenz daraus – und genau darum geht es uns in diesem Buch!

Liebe ist bedingungslos – Partnerschaft ist es nicht

»Und ich dachte, ihr liebt euch so sehr?«, warf mir eine Bekannte an den Kopf – es klang fast wie ein Vorwurf. Sie hatte uns in den letzten Monaten zu einer Art »Idol-Paar« erhoben und war völlig fassungslos, dass ich gerade am Boden zerstört war und nicht wusste, ob ich zurück nach Hause fahren sollte. Es war der Tag der zerschmetterten Tasse, und ich war fix und fertig. Wo war das Problem? Ich war maßlos enttäuscht: Ich empfand Hassgefühle gegenüber meinem Mann und sah die Zukunft düster. Was war geworden aus unserer »bedingungslosen, großen Liebe«? Warum fühlten wir uns plötzlich so getrennt voneinander und verstanden uns überhaupt nicht mehr?

Mir war schwindelig, alles drehte sich um mich herum, und ich konnte nicht mehr klar denken. Dass wir uns streiten würden, überhaupt, dass wir uns streiten könnten, war in meinem System – von »unserer Liebe« – nicht vorgesehen.

Das Ende. Alles ist vorbei. Nina lässt sich scheiden. All so was schwirrte mir durch den Kopf, und ich hatte unsägliche Schmerzen. Ich musste mit jemandem reden. Ich rief eine weise gemeinsame Bekannte an, die mir als Coach in anderen Dingen bereits mehrfach geholfen hatte. Sie lachte nur mit herzlich belustigter Stimme ins Telefon: »Aber Claudius, das wird doch wieder. Ihr beide seid doch nur dermaßen kreativ, dass ihr euch auch auf diese besonders kreative Art und Weise streiten müsst, wenn euch mal ein bisschen langweilig zumute ist.«

Ich war sehr froh, dass Claudius jemanden um Hilfe bat, der uns einerseits zwar kannte, aber andererseits auch als Coach eine professionelle Vorgehensweise hatte und sich nicht sofort in unser Drama hineinziehen ließ. »Dein Mann fühlt sich ebenso unglücklich wie du«, sagte sie zu mir, und ich hätte mich darüber fast schon wieder aufregen können. Aber ich durfte lernen, was es wirklich heißt, die Welt durch andere Augen zu sehen, denn mein Mann fühlte sich von mir offenbar ebenso ungerecht behandelt wie ich mich von ihm.

Er ist sensibler als ich und nimmt die Welt anders wahr, als ich das tue. Ich bin viel belastbarer, und manchmal »übersehe« ich, wenn mein Mann vielleicht schon längst seine Ruhe haben möchte. Er seinerseits ist nicht besonders gut darin, das auf eine Weise zu zeigen, die ich gut verstehen kann. Und »plötzlich« benimmt er sich »blöd«, und ich weiß überhaupt nicht, warum.

Nachdem ich mich beruhigt hatte und bereit war, die Perspektive zu wechseln, verstand ich die Sache etwas besser, und ich lernte auch meinen Mann besser kennen: In einem Streit fühlt er sich zunächst angegriffen, und sein erster Impuls ist die Verteidigung. Werfe ich ihm etwas vor, ist es quasi schon fast wie ein Reflex, diesen Vorwurf abzuwehren. Mir gibt das das Gefühl, nicht verstanden zu werden, und ich fühle mich ungerecht behandelt. Das allerdings war überhaupt nicht seine Absicht. Es genügt also nicht, sich zu lieben – es ist auch notwendig, Vereinbarungen darüber zu treffen, wie man miteinander umgeht, wenn man müde, gereizt oder unzufrieden ist. Wie man Kompromisse schließt und Kritik formuliert, welche Signale was bedeuten und wie man auf sich aufmerksam macht.

In unserem Fall war es wichtig zu erkennen, was tatsächlich zu der aktuellen Streitsituation gehörte und was »alte Wunden« waren, mit denen der andere gar nichts zu tun hatte: sich als Kind immer den Wünschen und dem Tempo anderer unterordnen zu müssen, ungerecht behandelt zu werden, die eigenen Bedürfnisse nicht durchsetzen zu können – um nur einige zu nennen.

Wir mussten lernen, dass Liebe allein für eine Partnerschaft nicht genügt und dass Liebe und Partnerschaft zwei Paar Schuhe sind: Eine Partnerschaft muss Regeln haben, und beide Partner müssen ihre Bedürfnisse aussprechen, um diese Regeln fair auszugestalten. Im Grunde etwa so wie in der Wirtschaft oder in der Politik.
Wir haben zum Beispiel gelernt, dass wir einander Zeit geben müssen, mit der Kritik des anderen umzugehen. Ungeduld ist ein schlechter Berater – und wenn man sich etwas mehr Zeit lässt, die Kritik überhaupt erst zu formulieren, stellt man möglicherweise sogar fest, dass sie ohnehin unnötig ist.
Liebe ist bedingungslos – das haben wir sicher alle schon einmal gehört. Und dennoch scheint diese Weisheit, diese »goldene Regel« wie weggeblasen, wenn man sich verliebt und sich eine Partnerschaft wünscht. An den Zukünftigen haben wir allerhand Wünsche und verknüpfen Bedingungen daran, und dieses Wunschdenken setzt sich in aller Regel in der Partnerschaft fort.
Eine Ursache fataler Missverständnisse ist der Umgang mit dem Wort »Liebe«, vor allem, wenn es im falschen Zusammenhang gebraucht wird. Das droht immer dann, wenn es sich nicht um Liebe handelt und die Liebe trotzdem dafür herhalten muss. Beispielsweise wird häufiger behauptet, Eifersucht sei eine Begleiterscheinung der Liebe – oder auch der Ausdruck einer Sorge um einen geliebten Menschen. Das ist mitnichten der Fall: Viele

39

Verhaltensweisen, viele Wünsche und Ärgernisse in einer Partnerschaft basieren leider nicht auf Liebe, sondern auf Angst.

Wenn wir lieben, dann sollten wir zum Beispiel auch vertrauen können. Wir fühlen uns leicht, kreativ, offen und verbunden. Wir erlauben Nähe, sind optimistisch und voller Freude. All diese positiven Gefühle sind natürliche »Begleiterscheinungen« der Liebe. Bekommen wir plötzlich Angst, der andere könne uns weniger lieben, spüren wir eben nicht eine Begleiterscheinung von Liebe, sondern die nackte Angst.

Angst ist allerdings der Gegenspieler der Liebe, und in der heutigen Gesellschaft haben wir uns viel zu viele Möglichkeiten eingerichtet, Angst zu spüren und angstgesteuert zu handeln. Je mehr wir uns fürchten, je mehr wir befürchten, desto weniger lieben wir: Wir vertrauen weniger, wir geben weniger, wir fühlen uns weniger frei. Es ist, als würde die Angst die Liebe regelrecht »auffressen«.

Sowohl Liebe als auch Angst haben natürliche Begleiterscheinungen. Es gibt Denkmuster und Verhaltensweisen, die führen zu Angst oder ihren Begleiterscheinungen, und solche, die führen zur Liebe. Können wir in unserer Partnerschaft die Liebe aufrechterhalten und wachsen lassen, profitiert unsere Beziehung von all diesen Begleiterscheinungen der Liebe: Wir spüren Nähe, können Vertrauen, sind voller Freude und Kreativität. Wir sind großzügig und fühlen uns verbunden, enthusiastisch und voller Zuversicht. Verlassen wir diesen Pfad und folgen der Angst, leiden wir unter all den Begleiterscheinungen, die die Angst mit sich bringt. Je weniger Liebe jedoch vorhanden ist, umso schwieriger wird es, die Bedingungen der Partnerschaft zu erfüllen. Und Angst macht sich breit …

Wertschätzung

Geben

Fluss

Größe

Dürfen

Träumen

Fülle

Mitgefühl

LIEBE

Offenheit

Empfangen

Optimismus

Verbundenheit

Vertrauen

Neugier

Können

Leichtigkeit

Frieden

Mut

Nähe

Zuversichtlichkeit

Freude

Glücksgefühl

Freiheit

Weite

Ehrlichkeit

Großzügigkeit

Liebe kann man nur selbst spüren. Und wir selbst müssen dafür sorgen, dass wir auch in schwierigen Situationen Zugang zu diesem Gefühl haben. Einer dieser Wege ist die bereits erwähnte Begeisterung, die Grundvoraussetzung für Verliebtheit. Sie ist wohl der bekannteste Weg, wenn wir wieder zueinander finden wollen. Dafür müssen wir uns klarmachen, dass wir fast alle mit dem Missverständnis leben, die Liebe werde von einer anderen Person ausgelöst. Dementsprechend machen wir gerne diese andere Person verantwortlich für die Liebe. Das ist jedoch unfair und auch beschämend für uns selbst. Es ist, als wollten wir jemand anderem einreden: »Du bist verantwortlich für das, was ich fühle.«

Warum das fatal ist? Es ist gleichzeitig der direkte Weg in die Angst, denn wäre der andere tatsächlich verantwortlich für das, was man fühlt, dann müsste man zu Recht Angst davor haben, dass der Partner die Kontrolle darüber hätte, und nichts ist beängstigender als ein Kontrollverlust. Wie bei einer Marionette wäre man einer anderen Person hilflos ausgeliefert – und für manchen mag sich Verliebtsein vielleicht sogar schon einmal so angefühlt haben. Das passiert, wenn man sich selbst nachhaltig überzeugt hat, der andere mache einem die Gefühle. Den Ausweg bietet die Verantwortung: In dem Moment, in dem man es schafft, aus seiner Opferrolle herauszukommen und die Verantwortung für die eigenen Gefühle und Bedürfnisse wieder zu übernehmen, löst man sich von der Angst vor Fremdbestimmung und Hilflosigkeit. Das Ich bestimmt wieder.

Leider führen uns heutzutage sehr viele Wege in die Angst. Das überall propagierte Bedürfnis nach Sicherheit ist ein direkter Weg dorthin, denn so etwas wie »Sicherheit« existiert auch sonst im Leben grundsätzlich nur

Schutzbedürfnis

Komplexe

Härte   Wollen

Recht haben

Geiz

Schuld

ANGST

Enge

Rache

Mangel

Misstrauen

Eifersucht

Müssen

Sorgen

Befürchtungen

Sicherheitsbedürfnis   Begrenzung

Zurückhalten

Trennung   Zweifel

Anstrengung   Kontrolle

bedingt, wie sollte es so etwas da in einer Partnerschaft geben: Eine Versicherung zahlt nicht immer, ein noch so modernes Auto ist nicht hundertprozentig sicher, ein Haus widersteht nicht allen Naturkatastrophen, eine Bank ist nur unter bestimmten Rahmenbedingungen verlässlich, die Rente ist schon lange nicht mehr so sicher, wie Norbert Blüm einst behauptete, und wer kann schon sicher sein, dass der Partner wirklich sein Versprechen der ewigen Liebe und Treue hält? Sicherheit finden Sie, wenn überhaupt, nur in sich selbst: Sie können sicher sein, dass Sie geboren wurden, dass Sie momentan am Leben sind und dass Sie irgendwann sterben werden. Es wäre doch albern, die ganze schöne Lebenszeit permanent mit Gedanken an den bevorstehenden Tod zu verbringen! Doch genau das ist es, was die meisten von uns im Grunde tun.

Angst ist das Gefühl, das wir spüren, wenn unser Unterbewusstsein der Meinung ist, unser Leben sei in Gefahr.

Sollte das einmal der Fall sein – stehen wir zum Beispiel an einem tiefen Abgrund oder treten wir versehentlich beim Wandern auf eine Schlange –, ist diese Gefühlsregung und sind die damit verbundenen Empfindungen wie Herzrasen, Anspannung und so weiter absolut sinnvoll. Sie können unser Leben retten – doch die in uns verwurzelte, tiefgreifende und meist unbewusste Angst vor dem Tod an sich macht uns in vielen Momenten unseres Lebens handlungs- und bewegungsunfähig, eng und klein.
Ebenso eng und klein macht uns die Angst, wenn wir beginnen, Liebe durch Angst zu ersetzen: Wenn wir be-

ginnen, Rache an unserem Partner zu üben, ist dies ein direkter Weg zur Angst. Wenn wir uns minderwertig fühlen oder bedürftig, wenn wir Misstrauen kultivieren oder Schuld kreieren, ist dies immer wieder ein Weg, Liebe zu zerstören und die Angst mit all ihren Begleitumständen wachsen zu lassen.

Auch wir haben das jahrelang getan, und manchmal erwischen wir uns immer noch dabei. Angst zu haben, sich schuldig zu fühlen oder nach Schuldigen suchen zu wollen ist in unserer heutigen Gesellschaft so normal wie Atmen. Es ist deshalb auch ganz normal, dass es uns immer wieder passiert. Wir werden Ihnen aber in diesem Buch unsere Wege zeigen, wie wir aus dem Keller der Angst wieder »hinauf« zur Liebe kommen, und laden Sie ein, sie auszuprobieren.

Manches könnte Ihnen bekannt vorkommen – anderes wird Sie vielleicht auch verwundern, oder Sie werden im ersten Moment nicht glauben können, dass es so einfach sein kann. Manches versetzt uns selbst immer wieder in Erstaunen.

Über das Wesen der Liebe

Zahlreiche Philosophen, Schriftsteller, Forscher und Gelehrte haben sich bereits an der Frage über das Wesen der Liebe versucht, und es gibt wohl mindestens so viele Antworten, wie es Fragende gibt:
Liebe sei nur ein schmutziger Trick der Natur, um das Fortbestehen der Menschheit zu garantieren, soll einst der englische Schriftsteller William Somerset Maugham (1874–1965) gesagt haben. Da hatte er wohl gerade ein paar schlechte Erfahrungen gemacht … Sein Zeitgenosse

LIEBE

Wege zur Liebe

- Vergebung
  (auch Selbstvergebung)
- Dankbarkeit
- Wertschätzung
- Verantwortung
- Verständigung
- Akzeptanz
- Hingabe

- Schuld & Schuldgefühle
- Mangeleinstellung
- Bedürftigkeit & Minderwertigkeitsgefühle
- Rache
- Misstrauen
- Manipulation
- (Selbst-)Vorwürfe

Rainer Maria Rilke (1875–1926) hatte eine regelrecht deprimierte Vorstellung von der Liebe. Er sagte, sie bestehe daraus, dass sich zwei Einsame beschützen und berühren und miteinander reden. Möglicherweise war das auch ein Ergebnis des Zeitgeists, damals war es modern, sich eher deprimierend über die Liebe zu äußern. Rilkes Zeitgenosse, der österreichische Schriftsteller Franz Blei (1871–1942), äußerte sich zur Liebe gar so: »Es gibt immer einen Besiegten in der Liebe: Den, der mehr liebt.« Er soll allerdings ein paar Jahre später auch Folgendes gesagt haben: »Die Liebe ist das Werk der Jugend. Dennoch lohnt es sich im Alter, es noch einmal zu kopieren.« Grundsätzlich sei erwähnt, dass der Umgang mit Liebe und Partnerschaft in den letzten tausend Jahren deutlich anders war, als was wir heute für normal halten: Es war eher selten der Fall, dass Menschen sich einfach verliebten, zusammenkamen und beschlossen, ein Paar zu werden. Meist war es eher so, dass Menschen aus »vernünftigen Gründen« geheiratet haben – um zum Beispiel eine sinnvolle Verbindung zweier Geschäftsfamilien, Bauernhöfe oder Grafschaften zu ermöglichen. Man wählte den Partner nach »vernünftigen Kriterien«. Die Liebe kam im Laufe der Ehe hinzu, eine Folge des gegenseitigen Respekts – oder eben nicht. Das ist jetzt nicht unbedingt eine Neuigkeit, aber es ist wichtig, dass wir es uns in Erinnerung rufen, als Hintergrund für unser aller Verständnis von Liebe und Partnerschaft.

Das Verliebtsein war, vor allem im Mittelalter und in der Romantik, eher durch Unerfülltheit gekennzeichnet. Die romantische Liebe – die Sehnsucht nach einem Menschen, die dadurch erst so richtig romantisch wurde, dass sie nicht befriedigt werden konnte oder durfte – war Inspiration für zahlreiche Gedichtbände, Lieder und viele andere Kunstformen. Wer glücklich verliebt ist und die Erwiderung seiner Gefühle erfährt, der ist meist mit anderen Dingen beschäftigt, als Gedichte oder Lieder zu verfassen.

Hermann Hesse drückte sich einmal tatsächlich sehr positiv über die Liebe aus: »Glück ist Liebe, nichts anderes. Wer lieben kann, ist glücklich«, soll er gesagt haben und stimmt dabei überein mit einer alten Überlieferung der Kahunas, der Geheimnishüter Hawaiis: »Lieben heißt glücklich sein mit«, heißt es dort in der Huna-Lehre. Das kann sich beziehen auf einen Partner, aber auch auf alles andere im Leben: Bin ich mit etwas sehr glücklich, dann kann ich auch sagen »Ich liebe es«. Ich erkenne die Liebe zu jemandem oder etwas daran, dass ich damit glücklich bin.

Die Liebe ist eine Mischung aus mehreren einzelnen Empfindungen, kleinen und auch großen, die sich von Mensch zu Mensch ein bisschen anders zusammensetzen. Doch im Vordergrund steht, ganz nüchtern ausgedrückt, die stark positive Bewertung einer anderen Person (oder einer Sache), die man liebt.

Was genau Liebe ist und wie sie entsteht und vergeht, wie sie sich anfühlt und warum es sie gibt, wird man wohl nie so ganz ergründen und erforschen können. Und genau das ist doch eigentlich das Besondere an der Liebe: dass sie geheimnisvoll ist und bleibt.

So gibt es viele verschiedene Arten der Liebe, die wir empfinden können: die Liebe zum Partner, die Liebe zu einem sehr guten Freund oder einer Freundin, die Liebe zu Geschwistern, zwischen Eltern und Kindern, die Liebe zum Beruf oder zu einem Hobby, die Liebe zur Natur, einem Haustier oder zu einem Sport. Die Liebe zu Menschen im Allgemeinen oder zu sich selbst. Wann immer wir ein besonderes Verhältnis zu jemandem oder etwas betonen möchten, eine starke Zuneigung empfinden und etwas für uns sehr besonders ist, sprechen wir von Liebe. Wichtig ist an dieser Stelle für uns natürlich die Liebe zum Partner – doch noch wichtiger ist die Feststellung, dass wir überhaupt Liebe empfinden.

Man kann Liebe nicht messen, nicht wiegen, nicht sehen oder hören. Wir können Liebe nur spüren. Und auch da können wir nicht die Liebe einer anderen Person spüren, sondern nur unsere eigene.

Natürlich können wir uns unserem Partner gegenüber liebevoll verhalten. Ob dieser dann jedoch Liebe spürt, ist nicht gewiss. Vielleicht haben Sie es auch schon einmal erlebt, dass jemand in Sie verliebt war und immer wieder behauptet hat, Liebe für Sie zu empfinden. Dieser Mensch hat sich Ihnen gegenüber liebevoll verhalten, doch Sie haben keine Liebe gespürt, weil Sie eben bei allem guten Willen nur das fühlen können, was Sie selbst fühlen – ganz gleich, was ein anderer für Sie fühlt.

Ein sehr gutes Beispiel dafür ist für viele das Verhältnis zu den Eltern. Die meisten Eltern haben eine »besondere Art«, ihre Liebe zu zeigen. In der Generation der zwischen 1920 und 1960 geborenen Eltern ist das zum Beispiel das übertriebene Auftischen von Essen oder das Nachfragen nach dem Stand der Karriere oder der Familienplanung. Es gibt sogar Eltern, die ihre Kinder beständig kritisieren. Auch das ist in Wahrheit tatsächlich ein Zeichen ihrer Zuneigung, denn es bedeutet: Du bist mir wichtig. Ich will, dass du es besser hast als wir früher. Ich will ein gutes Leben für dich. Dass wir heutzutage ein

»gutes Leben« möglicherweise an anderen Werten und Standards messen als unsere Eltern, wie oben bereits in der Bedürfnispyramide dargestellt, ist nun einmal nicht deren Schuld, aber auch schwer zu vermitteln. All das ist eben die Art der verschiedenen Eltern, Liebe zu zeigen, auch wenn die meisten Menschen bei dieser Art – sind wir ehrlich – nur schwer Liebe erkennen und erwidern können: Wir sind eher genervt, fühlen uns kritisiert, gegängelt oder eingeengt.

Das Problem dieser Generation ist, dass sie von Menschen geboren und erzogen wurden, die selbst zum großen Teil traumatisiert und seelisch stark belastet waren. Viele der Väter unserer Väter waren in mindestens einem Krieg. Viele von ihnen sind nicht zurückgekehrt und wenn, dann häufig mit schweren Traumata. Die meisten Eltern unserer Eltern lebten in jahrelanger Bedrohung, haben nahestehende Verwandte, oft auch Kinder verloren, ganz zu schweigen vom Verlust des Besitzes. Kein Wunder also, dass manche nicht gerade Genies in Sachen Erziehung, Liebesbezeugung und Kommunikation waren, so dass aus unseren Eltern häufig nicht unbedingt starke, selbstbewusste Persönlichkeiten wurden mit der Fähigkeit, eine gute, liebevolle Partnerschaft zu führen. Es gibt sogar Eltern, die mit dem Gefühl von Liebe – auch zu ihren Kindern – derart überfordert sind, dass sie grundsätzlich auf Abstand gehen und sich von den eigenen Kindern zurückziehen, weil die Berührung der Liebe für sie eine Bedrohung darstellt. Sie glauben, es sich nicht erlauben zu können, »weich« zu werden, aus Angst vor Kontrollverlust und Schwäche. Auch das hat großen Einfluss auf unsere eigenen Partnerschaften und auf unsere Liebesfähigkeit. Dazu später mehr. Es gilt erst einmal festzuhalten: Vieles, was uns an ihnen stört oder nervt, ist für unsere Eltern nichts anderes als ein Ausdruck ihrer Liebe zu uns. Doch wer sind wir, anderen Menschen vorzuschreiben, wie sie ihre Liebe zu uns auszudrücken haben?

Für uns beide war diese Erkenntnis ein wichtiger Schritt, um das Wesen der Liebe zu erkennen, indem wir uns von dem Gedanken lösen konnten, Bedingungen an die Liebe zu stellen.

ÜBUNG:
Wie wir uns klarer werden können über das Wesen der Liebe

Versuchen Sie einmal, sich von Ihren Ansprüchen an Ihre Eltern zu lösen: Sammeln Sie Informationen über den Lebenslauf Ihrer Mutter und Ihres Vaters aus emotionaler Sicht, und versuchen Sie, möglichst umfassend alle Beziehungen zu analysieren: Wie wurden sie erzogen? Wie haben sie ihre Kindheit verbracht? Welche Perspektiven hatten sie? Was wurde ihnen verboten? Wie wurden sie als Menschen behandelt? Was war ihnen möglich – und was nicht? Was belastete sie? Was hat ihnen möglicherweise gefehlt? Wovon träum(t)en sie? Worauf haben sie verzichten müssen? Was haben sie erlebt? In welcher Welt lebten sie?

Versuchen Sie, sich in die Erlebniswelt Ihrer Eltern hineinzuversetzen. Wie wäre es um Ihr Selbstvertrauen, Ihre Fähigkeiten und Werte bestellt, wenn Sie unter diesen Bedingungen aufgewachsen wären?

Bitte vergessen Sie dabei nicht, dass es damals vieles nicht gab, dass vieles nicht möglich oder erlaubt war, was heute selbstverständlich ist! Betrachten Sie die Situation Ihrer Eltern also einmal ganz nüchtern allein im Kontext der Zeit und der Umstände. Versuchen Sie den Menschen zu sehen, der Ihr Vater ist, und den Menschen, der Ihre Mutter ist – und vergessen Sie alle eigenen Ansprüche an diese beiden Menschen, die sich aus der Tatsache ergeben, dass Sie ihr Kind sind. Sehen Sie, wie wenig perfekt diese Menschen sind (oder waren) und welche Ängste und Sorgen sie plag(t)en.

Stellen Sie sich die Umstände vor: mit welchen Bedingungen mussten die Eltern klarkommen? Wie es sich wohl anfühlen muss, dieser Mensch zu sein und seine Liebe nur auf diese spezielle Weise zeigen und ausdrücken zu können (oder in manchen Fällen sogar den Drang zu haben, das unterdrücken zu müssen) ... Es lohnt sich, dabei einmal die eigenen Bedürfnisse hintanzustellen und zu versuchen, wirkliches Mitgefühl mit diesen Menschen zu haben, die ihre Eltern sind oder waren.

Und nun betrachten Sie sich einmal mit den Augen dieser Menschen. Was würden Sie sich wünschen?

• •

Wenn Sie diese Übung gemacht haben, werden Sie vielleicht spüren, dass Sie Ihren Eltern etwas mehr Mitgefühl und Verständnis entgegenbringen können. Möglicherweise können Sie sogar die Handlungen Ihrer Eltern als Ausdruck von Liebe neu interpretieren. Vielleicht können Sie von nun an leichter damit umgehen und die Liebe dahinter erkennen. Wenn Ihnen das gelingt, werden Sie sogar selbst Liebe spüren. Doch das ist Ihre Liebe! Sie entsteht nicht aus den Handlungen Ihrer Eltern, sondern aus Ihrer eigenen, veränderten Bewertung dieser Handlungen. Die wahre Liebe liebt – sie liebt unabhängig davon, ob der andere das tut, was ich von ihm will.

Viele Beziehungen leiden darunter, dass die Partner nach wie vor das Bedürfnis haben, von ihren Eltern Bestätigung zu erfahren. Sie sind daran gewohnt, und so empfinden sie innerhalb der Partnerschaft einen Mangel. Ein Mangel, den der Partner ausgleichen soll, das ist eine »Wunde«, die in Partnerschaften häufig zu Missverständnissen und Streitigkeiten führt. Deshalb ist es eine gute und sinnvolle Übung, sich davon zu befreien, die Liebe anderer Menschen – allen voran der Eltern – auf eine ganz bestimmte Art und Weise erleben zu wollen.

In unserem Seminar »Abenteuer Liebe« gibt es eine sehr schöne Übung, die wir mit den Teilnehmern machen, damit sie noch während des Seminars »echte Liebe« erleben können: An einer bestimmten Stelle im Seminar bitten wir die Teilnehmer, sich nach und nach einander gegenüberzustellen und dem jeweiligen Gegenüber ohne Worte, nur in Gedanken, das Allerbeste, Allertollste und Wunderbarste zu wünschen, das sie sich nur vorstellen können. Jeder Teilnehmer soll seinem Übungspartner für ein paar Sekunden in die Augen schauen und ihm gedanklich wünschen, dass er glücklich werden soll und erreicht, wovon er gerade träumt.

Wir wünschen uns gegenseitig das Allerbeste und sind bereit, diese Wünsche in den Augen des anderen zu lesen und zu empfangen. Dies löst bei vielen Teilnehmern sehr starke Emotionen aus, und nicht selten rollen auch Tränen bei dieser Übung. Das kann geschehen, wenn sich das wahre Wesen der Liebe zeigt, das eben nicht davon abhängig ist, was ein anderer tut, sondern allein von dem, was man selbst denkt und fühlt.

Das ist eines der wichtigsten Geheimnisse der Liebe: Wir können uns für Liebe entscheiden. Wir schaffen die Liebe selbst – sie ist kein Gefühl, das von außen auf uns herabregnet (oder eben nicht), sondern wir lassen sie entstehen.

Wenn wir uns entscheiden, die Handlungen der anderen Menschen nicht als Bedrohung, Herabsetzung, Gängelei und so weiter zu interpretieren, sondern wenn wir den Menschen dahinter liebevoll und mit Mitgefühl betrachten, spüren wir Liebe. Wir selbst erschaffen Liebe in dem Moment, wo wir etwas oder jemanden liebevoll betrachten. Wir sind sicher: Die Entdeckung dieses Geheimnisses ist entscheidend für die lange Verliebtheit und das Glück in einer Beziehung, denn es bedeutet, dass wir uns auch für die Liebe zu unserem Partner immer und immer wieder entscheiden können.

Der nachfolgende Text ist eine Art kleines Mantra für die Liebe und das Wachstum der Liebe in Ihnen. Sie können ihn abschreiben oder fotokopieren und sich an einen Ort legen, wo Sie ihn täglich zur Hand nehmen können. Sie können ihn natürlich auch an Ihre eigene Sprache und Ihre Lieblingsworte anpassen. Lesen Sie ihn jeden Tag – oder sprechen Sie ihn gleich laut –, und Sie werden spüren, wie Sie mehr und mehr davon aufnehmen, verinnerlichen und wie diese Worte die Liebe in Ihnen zum Wachsen bringen.

Ich kann Liebe spüren – es ist meine Liebe, und niemandes anderen sonst. Ich kann mich entscheiden, Dinge liebevoll und mit Mitgefühl zu betrachten, und schaffe dadurch das Gefühl der Liebe in mir. Ich spüre immer meine Gefühle – meine eigenen. Meine Gefühle sind meine Welt. Würde ich hassen, spürte ich Hass, meine Welt wäre Hass, ich wäre Hass. Wenn ich mich sorgte, spürte ich Sorge, Furcht und Unsicherheit. Meine Welt wäre eine Welt aus Sorge und Befürchtungen, ich wäre diese Sorgen und Befürchtungen. Wenn ich aber liebe, spüre ich Liebe, meine Welt ist Liebe, ich bin Liebe. Liebe ist die Energie, die alles groß macht und die alles wachsen lässt. Liebe füllt mich mit anziehender Energie und Vertrauen. Liebe macht mich mutig, alles zu wagen, was schön und groß und wundervoll sein kann. Ich kann mich jeden Tag entscheiden zu lieben, und ich werde zu dem, was ich liebe.

Die Liebe in der Partnerschaft

Die Liebe in der Partnerschaft hat zwei Aspekte: Da ist die Liebe, die man für seinen Partner empfindet, und zum anderen geht es darum, sich vom Partner geliebt zu fühlen. Beides ist gleich wichtig und bedingt sich gegenseitig.

Die Liebe zu meinem Partner ist kein Gefühl, das vom Partner gesteuert wird, sondern allein von mir. Ob ich mich von ihm geliebt fühle, hat sehr viel mehr mit dem zu tun, was ich empfinde, als damit, was er (oder sie) tatsächlich tut oder sagt. Die Liebe, die ich fühle, ist folglich nicht abhängig von dem, was jemand anderes tut, sondern lediglich davon, wie ich bewerte, was er (oder sie) tut.

 Liebe als Gefühl und Energie kann immer nur in mir selbst entstehen.

Dies ist eine der wichtigsten Erkenntnisse für den Fortbestand und die Vermehrung der Liebe in einer Partnerschaft. Selbstverständlich bedeutet das nicht, dass es hinzunehmen wäre, wenn der Partner sich lieblos oder rücksichtslos verhält. Doch jeder Mensch hat seine eigene Art, seine Liebe zu zeigen – das Gefühl von Liebe ist in jedem Einzelnen selbst. Es kann nicht von außen gesteuert, nur geweckt werden.

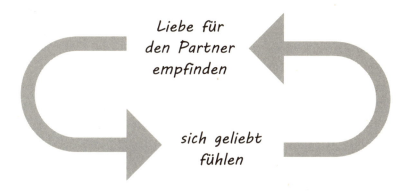

Ein weiteres Geheimnis begegnete uns im Laufe unserer Partnerschaft, das vermutlich längst jedem bekannt ist – und doch scheint es schwer zu sein:

 Je mehr ich mich selbst liebe, umso mehr kann ich meinen Partner lieben.

Doch was bedeutet das eigentlich, sich selbst zu lieben? Viele Menschen sagen, es falle ihnen sehr schwer, sich selbst zu lieben – schließlich wüssten sie am besten um all ihre Unzulänglichkeiten und Fehler. Doch genau darum geht es: Liebe ist nicht abhängig von Perfektion oder Makellosigkeit. Wir lieben einen Menschen doch häufig trotz und manchmal sogar gerade wegen seiner Fehler. Liebe ist die bedingungslose und gütige Annahme von alledem: Wir können einen Hund lieben, der nur drei Beine hat, oder einen längst abgegriffenen Teddybären. Wir können einen Menschen lieben, der voller Fehler ist, oder auch ein Baby, das – ganz offensichtlich – nicht sinnvoll kommuniziert, zu allen möglichen Uhrzeiten rücksichtslos seine Bedürfnisse herausschreit und noch nicht mal selbst zur Toilette gehen kann, und doch wird es geliebt … Die Fähigkeiten eines Menschen oder einer Sache sind also ganz offensichtlich nicht ausschlaggebend für die Liebe. Warum also fällt es uns dann so schwer, uns selbst anzunehmen und zu lieben, wie wir sind?

Das ist zum einen eine Frage der Erziehung: Wir bilden uns im Laufe unseres Lebens eine Meinung über alle möglichen Dinge – auch über uns selbst. Die wichtigste Referenz für diese Meinung sind unsere Eltern, später auch unsere Geschwister, Freunde, Lehrer und so weiter. Wenn unsere Eltern uns zum Beispiel nicht den Eindruck vermitteln können, dass wir liebenswert sind, nehmen wir das meist sogar als Wahrheit an.

Dabei muss dieser Eindruck noch nicht einmal mit Absicht zustande gekommen sein: Die meisten Menschen verwechseln Liebe mit Wertschätzung. Wir erfahren in unserer Gesellschaft Wertschätzung in der Regel für Leistung: Wenn ein Kind zum Beispiel eine gute Note schreibt, wird es dafür gelobt. Diese Wertschätzung ist in den Augen des Kindes ein Ausdruck der Liebe, es fühlt sich anerkannt und geliebt. Leider schaffen es bis heute viele Eltern kaum, ihren Kindern ihre Zuneigung und Liebe auch »einfach so« zu zeigen und zu schenken. Besonders stark davon betroffen ist die bereits erwähnte Generation der Eltern, die in Kriegszeiten aufwuchsen und denen in der Kindheit häufig selbst nur wenig geschenkt wurde.

Erfährt man Zuneigung und Wertschätzung nur für Leistung, wird man sehr bald selbst die Messlatte für sich hoch legen. Häufig zu hoch. Das ist verhängnisvoll, denn wir registrieren bei uns selbst gerne das, was nicht optimal ist. Alles, was reibungslos funktioniert oder wünschenswert ist, wird sehr schnell als normal betrachtet, weil es ja nicht weiter auffällt. So findet man an sich selbst immer etwas, was nicht perfekt oder erwünscht ist. Wer sich derart abschätzig betrachtet, wird niemals gut genug sein, um sich selbst Liebe zu gönnen.

Dies kann für eine Beziehung auf Dauer verheerende Folgen haben, denn man kann in eine unglückliche Denkfalle geraten: Paradoxerweise möchte man zwar vom Partner geliebt werden und »braucht« seine Liebe regelrecht – nach dem Motto »wenn ich mich schon nicht liebe, dann soll es doch wenigstens jemand anders tun« –, doch ein Partner, der einen einfach so lieben kann, erscheint einem irgendwie auch seltsam. Wie kann es sein, dass dieser Mensch Eigenschaften und Eigenarten gar nicht bemerkt oder sogar liebt, die man selber an sich hasst und verachtet? Kann man auf Dauer einen Menschen lieben, der so etwas Dummes tut? Es ist recht wahrscheinlich, den Partner irgendwann unbewusst dafür abzulehnen. Und zwar aus dem alleinigen Grund, dass er an einem liebt, was man selbst nicht akzeptieren kann. Es ist nicht so einfach zu ertragen, wenn jemand uns um unserer selbst willen liebt.

Wir alle fühlen uns hin und wieder unzulänglich oder unvollkommen – das ist ganz normal. Machen Sie sich jedoch immer wieder bewusst, dass dies nicht bedeutet, dass Sie nicht liebenswert sind. Ganz im Gegenteil!

Eine weitere Folge mangelnder Selbstliebe betrifft häufig Menschen, die sich nicht einmal bewusst selbst ablehnen: Es geschieht dem Partner nur irgendwann dasselbe, was uns selbst passiert ist. So wie wir unsere positiven Eigenschaften irgendwann nicht mehr wahrnehmen, weil sie uns so selbstverständlich sind, werden die in unseren Augen liebenswerten Eigenschaften des Partners nach und nach zur Normalität, zum Maßstab. So kommt es, dass gerade das, was uns zu Anfang an unserem Partner begeistert hat, wofür wir geschwärmt haben, was besonders an ihm war, plötzlich ein fester Bestandteil unseres Lebens ist. Und vor diesem Hintergrund ragt alles besonders heraus und stört uns, was wir nicht mögen. Wie Flecken auf einer sauberen Scheibe sehen wir gerade die Punkte, wo es nicht reibungslos läuft. Die Macken, Spleens und Eigenheiten. Nach einer Weile scheint der Partner nur noch Eigenschaften aufzuweisen, die uns stören, und dementsprechend werden wir unserem Partner nach und nach immer weniger Wertschätzung und Zuneigung entgegenbringen. Genauso, wie wir es von unseren Eltern gelernt haben: Wir kritisieren und nörgeln an ihm herum, ärgern uns und setzen unseren Partner herab für das, was nicht perfekt ist – und vergessen dabei, wie viel wir bekommen und gar nicht mehr bemerken.

Wir sind bereit, die Liebe in uns selbst zu zerstören, weil wir sie nach dem Leistungsprinzip bewerten.

Wer seine Zuneigung von der Leistung seines Partners abhängig macht oder die Liebe des Partners von der eigenen Leistungsfähigkeit, wird sie über kurz oder lang verlieren.

Damit haben wir ein weiteres Puzzleteilchen entdeckt, eines der wichtigsten Geheimnisse der Liebe, eine Zutat in dem Rezept für lange Verliebtheit. Es ist eine Frage der Aufmerksamkeit: Wohin schaue ich? Möchte ich mich hinabziehen lassen und meinen Partner nach dem Leistungsprinzip bewerten? Den Scheinwerfer richten auf das, was er nicht ist und nicht kann? Auf seine Eigenheiten und Spleens? Oder möchte ich betrachten, was mir an meinem Partner gefällt, worin er einfach großartig ist und was ihn ausmacht und damit auch liebenswert macht?

• •

ÜBUNG:
Wie wir lernen, den Fokus auf die wirklich wichtigen Eigenschaften zu lenken

Hier kommt eine kleine Partnerübung. Machen Sie sich ein paar Stichpunkte zu den folgenden Fragen, und bitten Sie Ihren Partner, dasselbe zu tun. Vergleichen Sie dann bitte die Antworten, und reden Sie darüber. Können Sie Ihren Partner nicht dafür begeistern, keine Sorge, Ihre eigenen Antworten werden für Sie selbst bestimmt schon aufschlussreich sein.

Was ich an mir selbst schätze:

Was ich an mir nicht so gerne mag:

Warum mag ich das nicht?

Ist das wichtig, wenn es darum geht, ob ich liebenswert bin?

Was ich an meinem Partner schätze:

Was ich meinem Partner nicht so gerne mag:

Warum mag ich das nicht?

Ist das wichtig für mich, um zu beurteilen, was liebenswert ist?

••

Sie werden vermutlich feststellen, dass es immer etwas gibt, das »verbesserungswürdig« wäre. Letztlich hat das nichts damit zu tun, ob wir den Partner lieben – es sei denn, wir wollen das so. Wenn wir unseren Partner lieben können, obwohl er nicht perfekt und makellos ist, zeigt das, wir können auch uns selbst so lieben und annehmen, dass es uns auch gelingt, uns lieben zu lassen – obwohl (oder gerade weil) wir nicht perfekt und makellos sind. Gelingt es uns in der Partnerschaft, uns gegenseitig zu lieben, wird es uns auch im Alltag leichter fallen zu erkennen, was unser Leben gut und lebenswert macht.

 Die Liebe in der Partnerschaft ist wie ein lebendiges Wesen, das gepflegt werden möchte. Sie sollte nicht abhängig sein von Leistung, aber sie braucht Zuwendung und Aufmerksamkeit, damit sie wachsen und gedeihen kann, anstatt zu verkümmern oder einzugehen.

Ist es nicht erstaunlich, wie viel Zeit Menschen mit den unmöglichsten Dingen verbringen, sich aber für die wirklich wichtigen Dinge im Leben kaum Zeit nehmen? Gerade in einer Partnerschaft wird das schnell auffällig, und wir als Coachs sehen in unserem Berufsalltag, welche Auswirkungen das hat: wie unglücklich Menschen sind, die ihren Partner verloren haben oder für lange Zeit keine Partnerschaft hatten. Dann kann die Sehnsucht danach so groß werden, dass sie alles andere im Leben überschattet und kein sonstiger Erfolg und kein Vorteil diesen empfundenen Mangel aufzuwiegen scheint. Doch in einer Partnerschaft währen die Dankbarkeit und Wertschätzung leider häufig nur ein paar Jahre – manchmal noch kürzer. Offenbar leben wir in der Illusion, dass wir die Liebe nun »haben«, und schon ist das Thema abgehakt. Wir gehen zur Arbeit, sehen fern, enttäuschen und beschuldigen uns, reden aneinander vorbei und irgendwann gar nicht mehr miteinander, wir entfremden und entfernen uns langsam und sind nach ein paar Jahren unzufrieden mit der Beziehung, fühlen uns irgendwie allein. Dann trennen wir uns und suchen erneut nach Liebe … Wieder und wieder. Dabei hätten wir all das haben können, wovon wir träumen, wenn wir es hätten wachsen lassen, anstatt es zu missachten und es mehr oder weniger mutwillig zu zerstören.

Vielleicht kennen Sie auch den Spruch, dass eine gute Beziehung harte Arbeit ist. Dieser Spruch törnt doch eigentlich total ab, denn wer will in seiner Beziehung hart arbeiten? Man will doch einfach glücklich sein und sich wohl fühlen. In Wahrheit möchte niemand an seiner Beziehung arbeiten, und wir auch nicht. Also vergessen Sie das!

Ein anderes Bild, das uns allerdings ebenso verwirrend und irritierend erscheint, ist das vom »Ankommen« oder gar vom »Hafen der Ehe«. Viele unserer Teilnehmer und Klienten reden davon, dass sie sich einen Partner wünschen, um endlich »anzukommen«. Natürlich können wir ein Stück weit verstehen, dass das Suchen nach einem passenden Partner einem wie eine Reise vorkommen mag, die man gerne beenden möchte, weil man sich nach dem Gefühl der Geborgenheit sehnt. Aber sind wir mal ganz ehrlich: Hat man das passende Gegenstück, den Begleiter, Geliebten, Lebensgefährten gefunden – und das Wort Lebensgefährte zeigt es besonders: Wer will denn dann den Rest des Lebens im Hafen liegen bleiben!?

Eine gute Partnerschaft ist wie eine Reise, die man zusammen unternimmt – im Grunde brauchen wir keinen Partner, um anzukommen, sondern um gemeinsam aufzubrechen! Eine Partnerschaft ist ein Abenteuer, bei dem man Dinge entdecken kann, die man ohne den Partner niemals entdeckt, gelernt oder erlebt hätte. Vermutlich entdeckt man erst einmal sich selbst.

Damit die Liebe bleibt und wächst, muss man natürlich auch etwas tun – und einiges lassen. Doch all das würden wir nicht mit »Arbeit« beschreiben, sondern eher mit Begriffen wie Abenteuer, Erkenntnis, Glück.

Liebe in der Partnerschaft gleicht einem Privileg, das man erfahren darf, wenn man bereit ist zu tun, was nötig dafür ist.

Darüber allerdings gibt es zahlreiche Missverständnisse, und auch wir haben viele davon lange geglaubt und beherzigt. Es ist nicht verwunderlich, dass aus so vielen Beziehungen keine Partnerschaften werden, dass Menschen sich trennen oder alternativ in ihren Beziehungen unglücklich verharren wie in der Schonhaltung nach einer

Verletzung – aus Angst, dass alles andere einfach noch schmerzhafter wäre, als es sowieso schon ist.
Soll man nun Kompromisse machen oder bei sich bleiben? Soll man sich für den Partner verändern, oder muss man bleiben, wie man ist? Muss man sich »ganz aufeinander einlassen«, um wirklich geliebt zu werden, und wenn ja, was heißt das überhaupt? Wirklich geliebt werden?
Was wir gelernt haben ist: Eine Partnerschaft einzugehen ist – wenn man es »richtig« macht – wie ein neuer Lebensabschnitt, der auch von Veränderung gekennzeichnet ist. Ein Lebensabschnitt so wie der Übergang von der Kindheit in die Pubertät und von da ins junge Erwachsenenalter oder der Eintritt ins Arbeitsleben. Auch wenn wir in all diesen Übergängen stets wir selbst sind, verändern sich unser Denken und Handeln, unser Tagesablauf und unsere Prioritäten. Und genauso ist es auch, wenn man vom »Single« zum »Partner« wird. Eine echte, liebevolle und dauerhafte Partnerschaft gibt uns die Chance, zu einem anderen Menschen zu werden. Sie ist mehr als nur die Veränderung von ein paar Gewohnheiten und die Tatsache, nicht mehr alleine zu sein. Eine Partnerschaft ist lieben und geliebt werden, und genau das verändert uns:

Wer einen Partner hat, dessen Unterstützung er sich gewiss ist, bei dem er sich geborgen und akzeptiert fühlt und dem er all das zurückgeben kann, der wird durch diese Gewissheit und Stärkung eine Freiheit erleben, die er als Single nicht für möglich gehalten hätte.

Was die Liebe verändern darf

 Mama? Du, das glaubst du nicht! Wir sind gerade in Wien, und es ist soooo toll hier!«

Ich seufzte. Jedes Mal, wenn mein Mann etwas besonders Schönes erlebte, rief er seine Eltern an. Würde von nun an bei jedem gemeinsamen Erlebnis eine Konferenzschaltung zu Familie Mach eingerichtet? Ich nahm es ihm nicht übel, aber manchmal war für mich ein wundervoller Augenblick an einem besonderen Ort nicht mehr ganz so wundervoll, wenn er telefonisch mit der Familie geteilt wurde. Meckern würde diese Situation dann allerdings auch nicht schöner machen ... Also ließ ich es und wartete auf den berühmten passenden Augenblick.

Ich hatte eine ziemlich einfache Strategie: Ich versuchte, meinen Mann so wenig wie möglich zu kritisieren, weil ich sehr bald feststellte, dass er manche Sachen von ganz alleine sein ließ, wenn ich ihn einfach liebte und nicht kritisierte.

Zum Beispiel die Sache mit dem Offenlassen: Mein Mann ist ein Offenlasser. Egal, was er aufschraubt, er benutzt es und ist oft so in Gedanken, dass er es nicht wieder verschließt. Zahnpasta, Handcreme, Duschgel ... einfach alles. Ich hatte mich in einen Mann verliebt, dem das Zuschrauben von Tuben oder Flaschen nicht wichtig war, und offenbar hatte er große Erfahrung darin. Dass die Inhalte dieser Tuben oder Flaschen austrockneten oder verdunsteten, wenn man sie nicht wieder verschließt, war ein Nebeneffekt, den er offensichtlich sein ganzes Leben lang billigend in Kauf genommen hatte. Ich bemerkte allerdings auch, dass es mir nur deshalb auffiel, weil ich die Dinge so gerne wieder verschließe. Ich mag es einfach, wenn die Inhalte von Tuben, Döschen und

Flaschen so bleiben, wie sie waren, als ich sie gekauft habe. Und dafür ist es gut, wenn man all diese Behältnisse wieder verschließt. Was ich daher tat. Ich verschloss kommentarlos alles, was mein Mann offen ließ, und hoffte, dass er wiederum sich daran nicht störte. Nein, das tat er tatsächlich nicht, denn wie sich herausstellte, mochte er Zahnpasta generell auch cremeförmig und nicht als harten Klumpen, und Duschgel war auch ihm lieber, wenn es cremig war und nicht im Inneren der Verpackung pappte. Irgendwann bemerkte er von alleine den Zusammenhang zwischen meiner Zuschrauberei und der von ihm durchaus erwünschten Konsistenz der darin befindlichen Produkte. Dankbar, nicht kritisiert worden zu sein, begann er, meinem guten Beispiel zu folgen, und schraubte fortan ebenfalls zu. Na ja – meistens jedenfalls …

Dass ich bei erfreulichen Ereignissen allerdings nicht sofort meine Eltern anrief, war ihm bisher nicht aufgefallen, also fragte ich ihn eines Tages einfach nur, warum er es tat. Es stellte sich heraus, dass er einfach das Bedürfnis hatte, seinen Eltern zu zeigen, dass es ihm gutging, und ihnen gleichzeitig ein Stück Lebensfreude »frei Haus« zu liefern, weil ihm schien, dass sie davon nicht allzu viel hatten – während wir davon geradezu überschäumten. Ich sagte ihm, dass ich das verstehen könne, dass es nur schade sei, dass er dabei dann immer am Telefon bei seinen Eltern war und nicht da, wo das Schöne gerade passierte, und bei mir, seiner Frau, die das so gerne mit ihm genießen wollte. Das leuchtete ihm ein, und während er mir das erklärte, bemerkte er, dass er bereits seit Jahren am Projekt »glückliche Eltern« arbeitete. An diesem Tag begann er, am Projekt »glückliche Ehe« zu arbeiten – seiner eigenen.

Ein wichtiger Bestandteil einer lange glücklichen Partnerschaft ist nicht nur die Akzeptanz des anderen mit all seinen Begleiterscheinungen, sondern auch Interesse und Respekt und, falls nötig, deren Förderung:

Ich lerne einen Menschen kennen, der mich fasziniert, und alles, was dieser Mensch liebt, hat ihn zu der Person gemacht, in die ich mich verliebt habe: Freunde und Ex-Partner, Familie, Hobbys, Leidenschaften, Lieblingsbeschäftigungen und vieles mehr. Wer bin ich, dass ich mir erlaube, meinen Partner irgendwann für etwas davon zu kritisieren?

Und vor allem: Wer will für sich behaupten, dass die Kritik wirklich berechtigt ist? Wir sind es so sehr gewöhnt, immer uns selbst zu sehen und unser Urteile über die Welt und unsere Mitmenschen für »die Realität« zu halten, dass wir anfangen zu glauben, wir seien die einzig wahre Instanz. Wir dürften uns die Bewertung von »gut« und »schlecht«, von »falsch« und »richtig« anmaßen. Doch diese (Vor-)Urteile sind nur unsere eigene Sichtweise der Dinge. Und die muss sich nicht zwangsläufig mit der unseres Partners (oder anderer Menschen) decken.

Wir fordern sehr viel häufiger von unserem Partner, sich zu verändern, als wir selbst bereit wären, etwas an uns oder unserer Sichtweise zu verändern. Viele Menschen fordern oder wünschen sich vom Partner, dass er etwas an sich ändert. Doch manches davon geht zu Lasten der Persönlichkeit, der Ausgeglichenheit, der Lebensfreude des Partners. Wieso sollte er diese Veränderung dulden oder gar mittragen?

Gerade beim Thema Hobby scheinen sich viele Menschen innerhalb einer Partnerschaft zu verändern. Über die Jahre durften wir viele Menschen beobachten, die sich dem Partner zuliebe von immer mehr lieben Gewohnheiten, von Freizeitbeschäftigungen oder Vorlieben trennten: Sie gaben das Fußballspielen auf, trafen sich seltener zu »Mädelsabenden«, gaben oder lösten sogar Sammlungen auf und so weiter.

Natürlich haben auch wir erlebt, dass manches, was man einmal gerne und intensiv betrieben hat, seine Faszination verliert, wenn man verliebt ist. Manches hat man vielleicht nur gebraucht, um sich die Zeit zu vertreiben, weil man ohne einen Partner ohnehin nichts Besseres zu tun hatte. Niemals jedoch würden wir etwas aufgeben, was wir lieben, nur um dem anderen zu gefallen. Und noch viel weniger würden wir das vom anderen verlangen.

Wir glauben, dass in mancher Beziehung ein Partner das Gefühl haben kann, er müsse mit einem Hobby konkurrieren. Vielleicht wird man deshalb versuchen, diesen vermeintlichen Konkurrenten aus dem Rennen zu werfen. Wer sich allerdings über eines dieser Hobbys definiert, ist unter Umständen hinterher nur noch »ein halber Mensch«. Man sollte eine persönliche Leidenschaft nie einer Partnerschaft zuliebe aufgeben.

Das Wort Hobby klingt für mich heutzutage fast wie ein Schimpfwort. Wir leben in einer Zeit, in der sich ein Arbeitnehmer wie ein Zuchttier im optimierten Zirkus des Geschäftslebens fühlen kann. Bei mir beschwört es das Bild eines kastrierten Mannes herauf, dem es gestattet ist, getrieben vom ewig gleichen Rhythmus seines beschwerlichen Tages, hin und her gerissen zwischen Beruf und Familie, abends noch heimlich zu entspannen bei ein paar Runden mit der Eisenbahn. Der zur Ruhe kommen will mit der Stichsäge im Hobbykeller und der doch nichts wirklich zustande bringt.

Nein, das macht wirklich keine Lust auf mehr. Ich möchte das Wort Hobby durch intensivere Worte wie »Leidenschaft«

oder eine »Passion« ersetzen. Mit einer Art Hingabe an eine Sache, in der man voll und ganz aufgehen kann und alles um sich herum und auch die Zeit vergisst.

Schon als Kind wunderte ich mich über dieses unangenehme Gefühl, das Gespräche meiner Eltern mit Freunden über das Thema Hobbys der Ehemänner und (eher selten) der Ehefrauen bei mir hinterließen. Wie ein schaler Geschmack auf der Zunge, verbunden mit einer latenten Traurigkeit: Wie leid mir die Betroffenen taten! Ging es um Männer, war die Rede von der Modelleisenbahn, vom Briefmarkensammeln, dem Basteln im Hobbykeller. Ganz selten, vermutlich in einem von hundert Fällen, waren die Männer so klug, unten im Keller mit ein paar Freunden eine Band zu gründen. Darauf waren viele Gattinnen wenigstens ein bisschen stolz.

Frauen, so hatte ich als Kind den Eindruck, wendeten sich eher spirituellen Themen zu. Vielleicht der Arbeit in der Gemeinde. Sie suchten ihr Glück bei Jesus Christus, Hare Krishna oder anderen religiösen Strömungen, von denen es in 1970er und 1980er Jahren einige gab, oder sie vertieften sich regelrecht in Handarbeiten wie Stricken, Häkeln oder Nähen. Ich stellte mir vor, einen verächtlichen Zug über ihr Gesicht huschen zu sehen, wenn sie den Ehemann am Mittagstisch fragten, ob sie am Nachmittag noch mehr von ihm erwarten könnten, als dass er bis zur Kaffeezeit im Eisenbahnzimmer verschwinde, während die Wohnung und die Schränke (und auch die aller Verwandten) sich füllten mit den Ergebnissen ihrer Kurzwaren-Akrobatik.

Waren wir wirklich nur die Hamster im Laufrad? Sollte es unsere einzige Bestimmung sein, morgens arbeiten zu gehen, abends müde nach Hause zu kommen, zu Abend zu essen, Fernsehen zu gucken, ab und an mit dem Ehepartner ins Bett zu gehen und zweimal im Jahr mit der gesamten Familie Urlaub zu machen?

Bei diesem Gedanken graute mir schon als Kind davor, erwachsen zu werden. Vorbilder waren für mich Künstler, die etwas aus ihrem Leben machten und ihre Träume verwirklichten. Oder jemand wie mein Cousin Harald, der schon als Kind Segelboote steuern konnte, der im Herbst die Boote reparierte, frisch lackierte und zum Frühling wieder klarmachte. Er ging darin völlig auf – ich glaube, deshalb nahm er mich kein zweites Mal mit, weil ich ihm (aus heutiger Sicht: verständlicherweise) zu viel redete, während ihm der Blick aufs Wasser genug war. Und ich dachte: So hat eine Leidenschaft auszusehen. Sonst klang es nicht so, als ob ein Hobby einen wirklich glücklich machen könnte. Das soll nicht heißen, dass es falsch wäre, ein Hobby zu pflegen – ich meine damit nur, dass es in jedem Leben etwas geben sollte, das mehr ist als nur »Zeitvertreib«. Ich muss immer schmunzeln, wenn jemand zu Nina sagt, sie habe ihr Hobby zum Beruf gemacht, denn in meinen Ohren klingt das, als würde sie Strickunterricht geben.

Nein, Flirten und Lieben ist gewiss nicht mein Hobby. Genauso wenig wie es Claudius' Hobby ist, Musikstücke zu komponieren oder Lieder zu schreiben. Es sind unsere Talente, unsere Leidenschaften, verbunden mit einer Art Sehnsucht – einem innigen Wunsch, diesen Dingen näherzukommen und uns auszudrücken. Auch wenn die Berufung meines Mannes im ersten Moment eine ganz andere zu sein scheint als meine, so war mir doch sehr schnell klar: Dieser Mensch könnte mich verstehen. Und tatsächlich habe ich von ihm nie einen der blöden Sprüche oder der belustigten, ironischen Fragen gehört, die ich von anderen Männern über mich ergehen lassen musste.

Was aber, wenn man den Partner seines Lebens trifft – und der kann mit der Leidenschaft, der man frönt, so gar nichts anfangen? Was dann? Oder was ist, wenn wir uns in einen Menschen verlieben, dessen Passion wir unmöglich nachvollziehen können? Soll man tatsächlich versuchen, ihn davon abzubringen? Leider ist dies oft der erste Ton eines Lieds vom Tod der Beziehung, ein Lied in Moll, das keinen Zweifel daran lässt, dass hier bald etwas stirbt.

Wir sollten eines nicht aus den Augen verlieren: Der Mensch, in den wir uns verlieben, war nur ebendieser Mensch, weil er diese Passion hat. Und er war mit dieser Leidenschaft liebenswert. »So wie er halt nun einmal ist.« Wir lieben einen Menschen, und das sollte uns neugierig machen auf das, was er macht, vor allem, wenn er liebt, was er macht. Unsere Zuneigung hat sich schließlich entwickelt, weil er macht, was er macht, und liebt, was er liebt. Dazu gehören gerade auch diverse Leidenschaften oder Hobbys, Freunde, Familie, Job, ganz zu schweigen von den Macken …

Wir müssen nicht alles lieben, was diesen Menschen ausmacht – aber wir könnten es zumindest versuchen. Schließlich wünschen wir uns dasselbe ja auch von ihm, oder?

Ein gutes Beispiel: unsere Nachbarn. Unser Nachbar Winni begeistert sich vor allem für Motorräder, davon hat er ein gutes Dutzend in der Garage stehen, die längst mehr ist als eine Garage – es ist eine eigene Welt, in der Clint Eastwood bestimmt gerne mal einen Film drehen würde.

Das Besondere daran: Winnis Frau Moni teilt seine Leidenschaft. Sicherlich tut sie das nicht im gleichen Maß wie er. Und auf die zahlreichen Verletzungen ihres Mannes, die vielen Stunden der Ungewissheit und Sorge nach einem Unfall hätte sie in den letzten 25 Jahren sicher verzichten können. Doch sie ist klug genug zu wissen, dass sie ihrem Mann diese Leidenschaft nie austreiben wird. Gemeinsam bereiten sie zum Frühling die Maschinen für die erste Ausfahrt vor. Dabei werden sie von ihren Kindern unterstützt – und auch deren Partner sind dabei. Die erste Tour im Frühling ist in der Regel ein Highlight, und zwar für die ganze Familie. Selbst wir bekommen Lust auf eine Spritztour und wären am liebsten dabei. So ansteckend kann sie sein, eine Familienpassion.

Nun lässt sich freilich nicht jeder von der Leidenschaft des Partners anstecken, und vermutlich wäre es vielen nicht recht, wenn der Partner sich plötzlich für ein Hobby interessiert, das ihn bisher kalt gelassen hat oder für das er vielleicht noch nicht einmal geeignet ist: Stellen Sie ihn sich vor, den leidenschaftlichen Tänzer mit Profiambitionen, dessen Partnerin das Hobby unbedingt mit ihm teilen möchte, während ihr jegliches Rhythmusgefühl abgeht. Auch die Vorstellung, die eigene Freundin – und sei sie noch so sehr geliebt – mit zum Fußball zu nehmen, obwohl sie Freistoß nicht von Freibier unterscheiden kann, löst bei vielen Männern akute Panikattacken aus. Verständlich. Wenn unser Nachbar Rennen fährt, lässt er seine Frau auch lieber zu Hause, und auch sie hegt keinerlei Ambitionen, den Nürburgring auf zwei Rädern zu erobern. Doch sie akzeptiert, dass ihm das Motorrad viel bedeutet, und erwartet nicht, dass er sich verändert. Er ist im Gegenzug dankbar dafür, dass er das tun kann, was ihm Spaß macht, und dankt es seiner Frau auf vielfältige Weise.

Im Grunde ist es sogar eine regelrechte Pflicht eines jeden Partners. Genau das ist, was es bedeuten sollte, wenn wir einander »ich liebe dich« sagen: »Ich wünsche dir nur das Beste, und ich möchte, dass du glücklich bist. Ich liebe und akzeptiere dich so, wie du bist, und ich will, dass es dir gutgeht und du Spaß hast, selbst wenn der auch mal nichts mit mir zu tun hat.«

Wer den eigenen Partner bereitwillig und ohne Gegenleistung in dem unterstützt, was ihn glücklich macht, wird erfahren, wie sich die Dankbarkeit des Partners in reine Liebe verwandelt.

Doch es gibt auch Bereiche, die dürfen und sollen sich durch eine Partnerschaft maßgeblich verändern. Ein Beispiel dafür ist das Aufgabenmanagement im Haushalt. Laut Umfragen entstehen in diesem Zusammenhang die meisten Konflikte, und der Alltag birgt Zündstoff für eine Menge von Konflikten, wo sich in Wahrheit tatsächlich ein großes Potenzial für Liebesbeweise versteckt, die uns noch dazu das Leben massiv erleichtern können. Ein Zusammenleben erfordert es eben auch, die Aspekte des Alltags bewusst – und gemeinsam – zu überdenken.

Wenn du willst, dass etwas richtig gemacht wird, dann musst du es selbst tun. Diesen Satz habe ich schon früh verinnerlicht und danach gelebt. Ich bin nicht einmal sicher, wie ich überhaupt dazu kam, doch ich bemerkte schon als Mädchen, dass viele meiner Freunde und Mitschüler nicht zuverlässig waren, wenn es darauf ankam, oder dass Menschen eben eine sehr unterschiedliche Auffassung vom Leben haben können. Wenn etwas so werden sollte, wie ich es eben wollte, dann machte ich es am besten selbst. Der Nebeneffekt: Ich halste mir regelmäßig zu viel Arbeit und auch zu viel Verantwortung auf. Ich war bereit, das zu akzeptieren, aber es machte mir zu schaffen. Häufig fühlte ich mich alleingelassen, überfordert oder sogar ungerecht behandelt.

Auf diese Weise habe ich nie gelernt, um Hilfe zu bitten oder einmal jemandem einfach zu vertrauen. Das Erste, was ich daher mit Claudius lernen durfte, war zu akzeptieren, dass jeder Mensch die Dinge auf seine Weise tut – und dass es völlig egal war, ob ich eine bessere oder schnellere Methode kannte. Ich zwang mich erst dazu, dann aber fing ich tatsächlich an, meinem Mann zu vertrauen: dass er die Sache schon erledigte, in seinem Tempo und auf seine ganz eigene Art und Weise. Ich lernte, dass etwas gut sein konnte, auch wenn es nicht ganz genauso war, wie ich es gemacht hätte. Das ist in vielen Dingen ja tatsächlich völlig egal. Es gibt nicht nur eine Möglichkeit, einen Tisch zu decken, ein Essen zu kochen oder einen Zaun zu streichen, und nicht nur eine richtige Uhrzeit dafür. Es ist lediglich unsere Gewohnheit – und dann unser Ego –, die uns glauben lässt, etwas sei nur richtig, wie wir es gewohnt sind. Nur so ist es akzeptabel. Nur so ist es gut. Was für ein Quatsch!

Ich habe auch gelernt, dass es der ausdrückliche Wunsch meines Mannes ist, mich unterstützen zu dürfen. Er braucht das, weil er sich als Partner ebenfalls wertvoll fühlen möchte. Weil er mir helfen möchte. Es stärkt sein Selbstwertgefühl als Partner, wenn er merkt, dass er mir das Leben leichter machen kann, oder wenn er sich von mir gebraucht fühlt. Natürlich wusste ich das längst – in der Theorie. Und im Gegenzug forderte ich für mich genau das ein: Ich unterstützte und half ihm, wo ich nur konnte. Schließlich liebe ich ihn! Ist doch wohl selbstverständlich! Trotzdem war es ein seltsames Gefühl für mich, ganz bewusst Verantwortung abzugeben, mir wirklich helfen zu lassen, meine Sorgen zu teilen.

Viele Menschen, die sich einen Partner wünschen, haben sogar Angst, dass sie sich dann »um noch jemanden kümmern müssen«. Das findet sich gerade bei Menschen, die sehr lange allein gelebt haben. Oder bei alleinerziehenden Elternteilen, weil sie es gewohnt sind, sich stets um alles kümmern zu müssen. Sie kommen oft nicht auf den Gedanken, dass ein neuer Partner nicht eine zusätzliche Last bedeuten muss, sondern die Möglichkeit, dass jemand helfen könnte. Häufig schreckt sie auch der Gedanke, Verantwortung abzugeben und zu teilen, beinahe noch mehr als der, sich mit einem neuen Partner noch mehr Verantwortung und Arbeit aufzuhalsen.

 Wirklich in einer Partnerschaft zu sein bedeutet, die Prioritäten zu verändern und auch die Rollen neu zu verteilen – eine neue Struktur für das Leben zu finden.

Wir alle wünschen uns einen Partner, der uns so liebt und akzeptiert, wie wir sind.
Was wir dafür tun können:

1. Lieben und akzeptieren Sie sich selbst so, wie Sie sind – und hören Sie auf, perfekt sein zu wollen. (Er-)leben Sie das Leben einfach.
2. Lieben und akzeptieren Sie Ihren Partner so, wie er ist – und öffnen Sie Ihr Herz für einen Menschen, der genauso wenig perfekt ist, wie Sie es sind.

Das klingt im Grunde ganz einfach, fast schon banal. Doch je eher Sie diese beiden Grundsätze beherrschen, umso mehr haben Sie die Chance auf eine harmonische, glückliche Partnerschaft und lange, immer wiederkehrende Phasen der Verliebtheit. Wenn Sie sich einmal schlecht fühlen oder etwas Schlechtes über Ihren Partner denken, wenn Sie unglücklich sind oder genervt, dann

fragen Sie sich einfach: »Liebe und akzeptiere ich mich gerade so, wie ich bin? Liebe und akzeptiere ich meinen Partner gerade so, wie er ist?« Vermutlich wird die Antwort auf mindestens eine der beiden Fragen »nein« lauten – Sie brauchen es nur zu ändern!
Der positive Nebeneffekt:

Wer sich selbst lieben und akzeptieren kann, der hat es nicht nötig, dass der Partner alles gut findet, was man tut.

Ein Beispiel: Sie können sich geliebt fühlen, auch wenn sie beide einmal nicht einer Meinung sind. Umgekehrt müssen Sie nicht immer einer Meinung mit Ihrem Partner sein oder alles gut finden, was er tut, denn Sie können ihn nehmen, wie er ist. Sie haben sich diesen Menschen ausgesucht! Je weniger Kritik Sie üben, umso mehr wird er bemüht sein, Sie glücklich zu machen. Und genau das ist es doch, was Sie sein möchten: glücklich in der Partnerschaft.

Warum die Liebe geht – und wie sie bleibt

Verliebtheit wirkt wie ein Tunnelblick, ein Zustand, den viele Verliebte unbedingt erhalten möchten: Durch die ausschließlich auf den Partner gerichtete Aufmerksamkeit und die daraus entstehende Intensität der Gefühle sind Verliebte imstande, Dinge zu schaffen, die sie vorher nicht für möglich hielten. Dazu gehört es naturgemäß, sich für den anderen zu entscheiden. Unterschwellig schwingt der Wunsch mit, dem Leben den entscheidenden Antrieb zu geben und endlich »alles« auf die Reihe zu bekommen.

Allerdings hat dieser zu Beginn der Partnerschaft wirksame Mechanismus auch Nachteile. Wir richten unseren Fokus auf den Partner und das gemeinsame Glück, und schon vergessen wir alles andere um uns herum. Unsere Freunde zum Beispiel oder Gruppen und Vereine, die vorher einen festen Bestandteil unseres Lebens ausmachten. Vieles, was bisher immens wichtig war, erscheint nun unwichtig. Was wir darüber vergessen: All dies hat uns zu dem Menschen gemacht, der wir waren, als der Blitz der Liebe einschlug.

Warum das von Nachteil ist? Wenn ich vernachlässige, was mich ausmacht und wodurch ich bin, wer ich bin, verändere ich mich zwangsläufig. Möglicherweise aber werde ich durch diesen Verlust zu jemandem, der die Partnerschaft braucht. Zu jemandem, der sich über die Partnerschaft identifiziert. Plötzlich bin ich kaum mehr als »der Partner von« und damit natürlich von meinem Partner und der Partnerschaft abhängig. Doch Abhängigkeit tut auf Dauer nicht gut. Und zusätzlich erschwere ich mir das Zusammenleben mit dem Partner, weil er es vielleicht trotzdem schafft, Menschen und Dinge zu lieben außer mir. So kann zum Beispiel auch Eifersucht entstehen, ohne dass es einen »äußeren Anlass« geben muss.

Wir hatten einen solchen Moment. Irgendwann meinte mein Mann, er liebe das Leben mit mir so sehr, dass er keine Musik mehr zu machen brauche. Er wollte einfach Gärtner und Seminarhausbetreiber sein, werkelte ums Haus und im Haus herum, aber immer weniger in seinem Studio oder auf Theaterbühnen. Die Entwicklung war fatal: Zum einen fehlte ihm irgendwann die Musik, ein wichtiger Bestandteil seines Lebens, über den er sich sowohl ausdrückte als auch identifizierte. Zum anderen wurden ich und unsere Beziehung übermäßig wichtig: Auf einmal musste alles perfekt sein, damit er sich wohl fühlen konnte. Plötzlich brauchte er meine Zuneigung, meine Zustimmung und meine Wertschätzung. Darüber hätten wir uns beinahe verloren. Denn das öffnet dem größten Feind der Liebe Tür und Tor: der Angst.

Neben der Angst als solcher sind vor allem die Begleiterscheinungen Eifersucht und Enttäuschung echte Liebeskiller. Dem sollten wir ins Auge schauen, wenn wir für immer verliebt sein möchten. Daher wollen wir an dieser Stelle einmal einen genaueren Blick auf diese »Killer« werfen und auf die Art, wie wir mit uns selbst und unserem Partner umgehen. Es ist nämlich tatsächlich nicht notwendigerweise »normal«, dass die Liebe geht – es ist lediglich eine Folge dessen, was wir tun oder denken. Und meist bemerken wir nicht, dass wir damit die Liebe zu unserem Partner zerstören. Das tun wir – in den meisten Fällen jedenfalls – vermutlich nicht einmal mutwillig, und doch passiert es wieder und wieder. Viele Beziehungen sind für die beiden Partner schon lange nicht mehr beflügelnd, liebevoll und wohltuend, weil sich die Liebeskiller in das tägliche Miteinander eingeschlichen haben und wie ein langsam wirkendes Gift in alle Bereiche der Partnerschaft eindringen, gerade das lähmen und vergällen, was früher einmal die Qualität der Partnerschaft ausgemacht hat. Nach und nach macht all das weniger Spaß und findet seltener statt, weil die Lust dazu fehlt: Sex, Gespräche, gemeinsame Ausflüge – alle Aktivitäten eben, bei denen man seinem Partner näherkommen und Spaß miteinander haben könnte. Das kann man niemandem vorwerfen, es ist eine natürliche Reaktion,

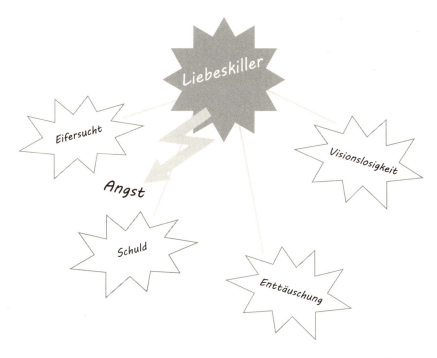

wenn man von seinem Partner nicht bekommt, was man sich wünscht.

Schleichen sich die Liebeskiller in die Beziehung ein, bewertet man seinen Partner und die Partnerschaft negativ. Von allem, was man negativ bewertet, wünscht man sich Abstand. Man zieht sich automatisch zurück von Dingen (oder Menschen), die man in irgendeiner Form als schlecht für einen selbst betrachtet. Meist hat diese negative Betrachtung jedoch nicht ausschließlich mit dem Mensch oder der Sache zu tun, sondern viel mehr mit der eigenen Bewertung und den selbsterdachten Kriterien dafür. Lösen sich die Probleme nicht in Wohlgefallen auf (und das tun sie selten von alleine), hat man immer weniger Motivation, sich dem Partner wieder anzunähern, und damit wächst automatisch die Wahrscheinlichkeit von Missverständnissen, Verletzungen, Lieblosigkeit. Die Folge: Es finden sich immer weniger Möglichkeiten, die guten Seiten der Partnerschaft zu sehen und die schönen Dinge zu erleben, eigentlich alles, was die Verbindung stärken könnte und die Liebe wieder wachsen ließe. Die Angst zeigt ihre Begleiterscheinungen: Wir werden »geizig« mit Zuwendung, versuchen Rache zu üben, werden misstrauisch, sparen an Zärtlichkeit und gegenseitiger Wertschätzung. Wir werden ablehnend oder versuchen sogar, den Partner bewusst zu verletzen, weil wir selbst verletzt sind und uns durch ihn verletzt fühlen.

Eine Partnerschaft ist die Verbindung von zwei Menschen, die beide sowohl ein Bewusstsein als auch ein Unbewusstsein haben. Wir machen uns selten klar, dass das Unbewusstsein daran sogar den weitaus größeren Anteil hat: Die wenigsten Menschen verlieben sich bewusst – unser Unbewusstes sorgt dafür, dass wir unseren Partner anziehend und interessant finden. In einer Partnerschaft gibt es also eine ganze Menge an unbewussten Inhalten, die beide Partner in die Verbindung einbringen. Was helfen kann, wenn unbewusste Botschaften stören:

 Tauschen Sie sich regelmäßig aus über Ihre Gefühle, Ängste und Erlebnisse.

Wichtig ist dabei, dass kein Partner befürchten muss, vom anderen mit Schuldvorwürfen überschüttet, verhöhnt oder pauschal abgelehnt zu werden. Miteinander reden – eigentlich eine Selbstverständlichkeit – hilft bei der Pflege der Partnerschaft. Doch das ist Arbeit, eine »Arbeit« an der Beziehung, die gemeinhin vernachlässigt wird, weil dabei nicht immer angenehme Themen und Gefühle auf den Tisch kommen.

In manchen Beziehungen wird in der Folge viel um Nichtigkeiten gestritten. Das ist immer dann der Fall, wenn etwas »Großes«, etwas Wichtiges, etwas Essenzielles nicht in Ordnung ist und man sich fürchtet, es auszusprechen. Es ist, als stünde ein Elefant im Raum, doch beiden Partnern ist das so peinlich, dass niemand den Elefanten erwähnen möchte – obwohl man ihn bereits nicht nur sehen, sondern auch riechen kann. Und der Elefant wird größer und nimmt immer mehr Platz weg. Die Situation wird schließlich so unangenehm, dass man es gar nicht mehr aushalten kann. Dann verlassen viele den Raum (in diesem Fall die Beziehung). Oder sie reagieren übertrieben auf alles, was sich anbietet, damit der Partner merken soll, wie unglücklich sie mit der Situation sind.

Liebe funktioniert nicht aus sich selbst heraus. Liebe ist kein Selbstläufer. Aber Liebe verschwindet auch nicht von allein: Wir selbst sind es, die sie verjagen, wenn wir unserem Partner die Verantwortung für alles aufbürden, zumal für die Qualität unserer Beziehung, aber auch dann, wenn wir ihn nur noch im Licht dessen sehen, was nicht unseren Erwartungen entspricht.

Wir haben in unseren vergangenen Partnerschaften einige dieser Liebeskiller erlebt und zum Teil auch selbst in die Beziehung eingeladen. Unsere daraus resultierenden Erfahrungen, die Erlebnisse im Coaching und unsere Bereitschaft, ehrlich miteinander zu sein, haben es möglich gemacht, die Liebeskiller zu identifizieren. So blieb es uns erspart, unsere schlechten Beziehungserfahrungen zu wiederholen. Wir sind froh, wie einfach die Killer zu erkennen sind, und wir hoffen, dass auch Sie ein Gespür dafür entwickeln, um sie zu identifizieren: Eifersucht, Enttäuschung, Schuld und Visionslosigkeit können sich wie ein Gift in die Beziehung einschleichen, ihr die Liebe entziehen. Doch ein jeder von uns kann etwas tun, um das zu verhindern.

Liebeskiller Nr. 1: Eifersucht

Im Sommer 2012 hatte ich für uns einen Kurztrip nach London gebucht, doch wenige Tage vorher merkte ich, dass ich einen ganz blöden Fehler bei der Buchung gemacht hatte: Der Reise sollte eigentlich am Freitag losgehen, doch gebucht hatte ich einen Flug für Donnerstag, und genau an diesem Tag hatte ich mehrere wichtige Termine. Völlig panisch versuchte ich zunächst, die Termine zu verschieben – was natürlich nicht funktionierte. Ich erzählte Claudius davon, und er war ebenfalls ratlos, schlug dann aber vor, den Trip um ein paar Tage zu verschieben, um meinen Verpflichtungen nachzukommen. Beim Versuch, die Flüge umzubuchen, stellte ich fest, dass durch ein aktuelles Sonderangebot der Fluglinie eine Neubuchung günstiger wäre als eine Umbuchung. So beschlossen wir, die ursprünglichen Tickets einfach ungenutzt verfallen zu lassen und neue Tickets im Rahmen dieses Sonderangebots zu kaufen. Wir hatten jetzt jeder zwei Tickets. Am Mittwochabend sagte Claudius zu mir: »Ich bin traurig, dass wir morgen nicht fliegen, es wäre bestimmt schön gewesen.« Spaßeshalber sagte ich: »Na ja, du könntest ja schon fliegen.«

»Ja, aber ich war noch nie alleine ... Das klingt jetzt blöd ... Ich habe tatsächlich heute auch schon daran gedacht. Aber ich glaube, es wäre komisch ohne dich in London!« Nina lachte. Doch dann dachte ich, dass es vielleicht wirklich eine gute Idee wäre, die Stadt einmal auf meine Art zu entdecken und mich auf eigene Faust mit ihr vertraut zu machen.

Mein spontaner Einwurf klang eigentlich gar nicht so verkehrt: London war bisher »meine« Stadt. Immer wenn wir dort waren, war ich die »Ortskundige« und traf die Entscheidungen. Es wäre bestimmt interessant für Claudius, die Stadt einmal in seinem Tempo und auf seine Art zu entdecken. Also ermutigte ich ihn, zu fliegen.

Ich landete in London mit einem fantastisch kribbeligen Gefühl im Bauch. Dies war mein bester Flug: Ich hatte ein knappes Jahr vorher erst meine Flugangst besiegt. Diesmal konnte ich die neunzig Minuten in der Luft sogar genießen. Ich fühlte mich wohlig aufgeregt im Bauch. Aufgeregt, da dies mein erster Besuch in London ohne Nina war.

Mit Nina macht einfach alles mehr Spaß, sie kann sich so wunderbar freuen. Kein Wunder, dass ich anfangs traurig war, dies nicht mit ihr teilen zu können. Doch ich verspürte eine große freudige Aufregung darüber, dass ich mich nun ganze drei Tage lang im »Orientierungslauf« üben konnte, denn Orientierung ist meine »Inselunbegabung«: Ich bin einfach wirklich schlecht darin. Aufgewachsen in Westberlin, bin ich immer wieder an die Mauer gestoßen. Egal in welche Richtung man ging – in jede Richtung war Osten – nicht gerade hilfreich. Nina besitzt eine fantastische Begabung, sich auch in der Fremde in kürzester Zeit perfekt zu orientieren, und ich genieße das, kann aber auch nicht leugnen, dass mich ab und zu ein doofes Gefühl von Hilflosigkeit überfällt, da ich manchmal gar nicht weiß, wo ich überhaupt bin, während sie sich mit geschlossenen Augen zurechtzufinden scheint.

So wurde es für mich zu einer unglaublich stärkenden Erfahrung zu erleben, dass ich jeden Ort, den ich anpeilte, erreichte, mich nie verfuhr oder verlief. Ich kaufte mir ein neues Paar Turnschuhe und lief und lief.

86

Als er mich das erste Mal aus London anrief, war er völlig begeistert. Die Tatsache, dass er sich alleine zurechtfinden musste, es aber tatsächlich konnte, gab ihm einen Kick. Claudius hatte im Stadtmagazin von einer Veranstaltung gelesen, die er unbedingt besuchen wollte und von der er mir begeistert erzählte. Wären wir zusammen in London gewesen, wäre ich ihm zuliebe möglicherweise auch zu dieser Veranstaltung gegangen, obwohl es mich im ersten Moment nicht so sehr angesprochen hätte. Viel wahrscheinlicher aber hätte er gar nicht davon erfahren, weil er sich auf mein »Eventmanagement« verlassen hätte. Für ihn war der Abend schließlich einfach großartig, es war eine fantastische Veranstaltung, und er hatte so viel Spaß und war so glücklich, dort gewesen zu sein. Ich freute mich einfach nur für ihn und sagte ihm, dass ich sehr glücklich war, dass er so viel Spaß hatte, und wie toll es sei, dass er das selbst herausgefunden hatte. Gemeinsam mit 3500 Menschen wurde eine riesige, wunderbare Party im Stil der Fünfzigerjahre gefeiert. Viele – sehr viele – junge und attraktive Frauen und eine entspannte, emotional aufgeladene Atmosphäre. Habe ich darüber nachgedacht, ob mein Mann da »Blödsinn« machen würde? Ja, habe ich. Für etwa eine Sekunde. Danach habe ich mich geschüttelt vor Lachen.

Drei volle Tage strahlte und lachte die Sonne vom Himmel, während es zu Hause wie aus Kübeln goss. Ich genoss jede Sekunde, auch wenn ich manche der Erfahrungen noch lieber mit meiner Frau geteilt hätte. Es war einfach großartig zu wissen, dass Nina mir all das gönnte und mich ermutigte – sogar als ich diese verrückte Party entdeckte und ich hatte einen großartigen Abend. Dieser ganze Trip war ein einziger Erfolg und stärkte mein Selbstvertrauen ungemein. Ich kam drei Köpfe größer und aufrechten Gangs nach diesem Spätsommerkurztrip zu Hause an und fühlte mich mutig, selbstbewusst und geliebt von meiner Frau.

Liebe möchte uns groß, warm, offen und weit machen. Liebe ist Vertrauen, und nur mit Vertrauen macht Liebe Sinn. Eifersüchtig zu sein ist sinnlos, denn wir berauben uns dadurch der größten Möglichkeit, wirklich frei und glücklich zu sein. Eifersucht macht uns klein, hart, dunkel und geizig. Eifersucht straft unsere guten Gedanken und Liebesschwüre Lügen.

Wenn ich früher Sätze las wie »Liebe macht aus zweien eins« oder »sich völlig vertrauen und dem anderen hingeben«, dachte ich sofort: Das sind unwirkliche Klischeevorstellungen. Da hatte ich aber einfach noch keine Ahnung von der Liebe – ich war wohl verliebt, aber der Rest erschien mir als Geheimnis.

Heute weiß ich: Ich bin keinem Menschen näher und vertrauter als meiner Frau. Sie gibt ihr Leben, ihre Zeit, ihre Kraft und ihr Geld für mich her. Das Leben, das sie vor mir führte, hat sie für unser gemeinsames Leben aufgegeben. Was für ein Idiot müsste ich sein, wenn ich nicht darauf vertraute, dass sie mich liebt? Und so freue ich mich für sie, wenn bei ihr berufliche Reisen anstehen, für die Möglichkeiten, die sich ihr eröffnen, und darüber, dass sie ihre Träume verwirklichen kann. Gleichzeitig gibt sie auch mir die Gelegenheit, meine Träume, Pläne und Projekte zu verwirklichen, und in ihrer Abwesenheit erlebe ich es häufig noch intensiver, wie sehr ich sie liebe.

Ich denke in ihrer Abwesenheit nicht daran, ob sie mich betrügen könnte, und ich bin nicht eifersüchtig, wenn sie mit gutaussehenden, jüngeren Männern arbeitet, Singlemänner coach und so weiter. Ich kümmere mich lieber um meine eigenen Verpflichtungen, um unser Haus, und gebe mein Bestes, damit ich und unser Zuhause in guter Verfassung sind, wenn sie von ihrer Reise zurückkommt, so dass wir uns beide wohl fühlen.

Im Laufe meines Lebens habe ich von vielen Trennungen aus Eifersucht gehört und davon, wie viele Menschen unter Eifersucht leiden. Niemand genießt Eifersucht, und keine Beziehung wurde jemals besser durch sie. Dass Eifersucht irgendetwas Gutes bewirken könnte, ist mir nicht bekannt.

 Eifersucht ist im Grunde nichts anderes als die Angst, nicht gut genug zu sein für den Partner.

Es ist die Angst, der Partner könnte »da draußen« jemandem begegnen, den er toller findet als einen selbst. Es ist die Angst, der Partner könnte außerhalb des gemeinsamen Alltags etwas erleben, das ihm besser gefällt als das Leben innerhalb der Beziehung. Bei manchen nimmt das sogar die Form an, dass es sie rasend macht, wenn der Partner irgendwo Spaß hat oder sich ohne das Zutun des Partners gut fühlt ... Eifersüchtig zu sein heißt also quasi, dem Partner zu sagen: »Du darfst nur Spaß mit mir haben. Du darfst nur mich toll finden. Du darfst dich nur mit mir wohl fühlen.«

Was hat das mit Liebe zu tun? Gar nichts.

Im Gegenteil: Der Weg der Angst führt uns in eine Spirale hinein, die immer tiefer, immer enger und immer düsterer wird – und die bei jedem Paar irgendwann unweigerlich zur Trennung führt: Der betroffene Partner wird zwar automatisch versuchen, auslösende Momente der Eifersucht zu vermeiden. Aber wie soll das gehen? Jeder erlebt zuweilen etwas Schönes ohne den eifersüchtigen Partner. Und selbst wer versucht, das Erlebnis entweder zu verschweigen oder herunterzuspielen, wird sich schuldig fühlen. Das widerspricht jedem Sinn einer Beziehung. Wir lassen uns schließlich auf einen anderen Menschen ein, weil wir uns davon versprechen, uns gut zu fühlen. Anstatt sich wohl zu fühlen und gute Gefühle teilen zu können, wird man sich in einer von Eifersucht belasteten Partnerschaft zwangsläufig schuldig fühlen, und prompt spürt der eifersüchtige Partner, dass irgendetwas nicht ganz so ist, wie man es ihm »verkaufen« möchte, er wird misstrauisch – ob zu Recht oder nicht. Und von da an schlittert die Beziehung in den Abgrund der Eifersucht, und zwar egal, was der nicht eifersüchtige Partner tun mag.

Meist haben wir es im Coaching mit Menschen zu tun, bei denen es bereits zu spät ist: Der Partner hat sich bereits getrennt oder jemand hat sich von einem eifersüchtigen Partner getrennt, weil ihm oder ihr nicht beizubringen war, dass es keinen Grund für die Eifersucht gibt. Bei vielen Menschen steckt hinter der Eifersucht das Gefühl, dem Partner nicht wichtig genug zu sein. Das muss nun natürlich jeder für sich selbst prüfen. In einem Fall hat sich jedoch auch einmal eine Klientin an uns gewandt, bevor es zu spät war: Sie bat um ein Coaching, um herauszufinden, ob sie sich von ihrem Partner trennen sollte. Der Hauptgrund war, dass ihr Partner sich immer mehr von ihr zurückzog, auf Gesprächsbedarf ihrerseits nicht einging und immer mehr Zeit beim Sport und an seinem Computer verbrachte. Auch fühlte sie sich im Haushalt nicht von ihm unterstützt, und sexuell lief schon lange nichts mehr. Es schien, als sei der Partner überhaupt nicht mehr anwesend. Je mehr ich nachfragte, desto mehr erkannte ich jedoch die wahren Gründe, warum ihr Partner überhaupt so reagierte: Von Anfang an war es der Klientin ein Dorn im Auge, dass ihr Partner viel Zeit beim Sport verbrachte. Sie fand seinen Körper zwar sehr attraktiv, doch sie hatte das Gefühl, der Sport sei ihm wichtiger als sie. Er jedoch brauchte den Sport nicht nur für seine Fitness, sondern um sich abzureagieren, sich zu entspannen, sich wohl zu fühlen. Er sah überhaupt nicht ein, seine Lebensweise nun umzustellen. Sie wollte ihm vermiesen, womit er sich wohl fühlte, und damit fühlte er sich gar nicht wohl. Ich schlug ihr ein Experiment vor: Sie sollte ihren Partner zwei Wochen lang nicht kritisieren, sondern stattdessen für alles, was er »richtig« machte, loben und ihm danken. Zusätzlich sollte sie etwas für sich tun. Während er beim Sport war, sollte sie dann eben mit Freundinnen telefonieren, sich ein Bad gönnen, ins Kino gehen – es gab genug Filme, die sie sehen wollte und er nicht. Wenn sich nach zwei Wochen nichts verändert hätte, könne sie immer noch über Trennung nachdenken. Wenn sich etwas veränderte, sollte sie noch zwei Wochen dranhängen. Die Klientin war sehr skeptisch, aber sie wollte auch nicht einfach so aufgeben. Anfangs war ihr Partner ebenso skeptisch, denn er bemerkte durchaus, dass sie nicht meckerte. Er selbst hatte wohl sogar kurzzeitig den Verdacht, dass sie ihn betrog – und er merkte, dass ihm dieser Gedanke überhaupt nicht gefiel. Tatsächlich veränderte sich etwas in der Beziehung, und die Klientin hielt nicht nur die zwei Wochen aus, sie hängte weitere vier Wochen an. Etwa sechs Monate später machte er ihr einen Heiratsantrag.

Jemanden zu lieben bedeutet auch, dem geliebten Menschen alles Gute, allen Spaß und alle Freude der Welt zu wünschen.

Lösen Sie sich von dem Gedanken, dass »Ihr Partner« Ihr Eigentum ist und Sie nur glücklich werden können, wenn er das macht, was Ihnen gefällt.

Ihr Partner wird ein sehr viel besserer, liebevollerer Partner sein, wenn er das Gefühl hat, dass er frei ist und Sie ihm alles gönnen – selbst wenn Sie nicht davon profitieren.

Selbstverständlich sehen auch wir Grenzen: Immer wieder liest man darüber, dass der Mensch an sich nicht für die Monogamie geschaffen sei und Männer im Besonderen schon gar nicht. Oder dass das Ehegelübde aus einer Zeit stamme, in der Menschen ohnehin nicht älter als 35 Jahre wurden. Für uns hört aber der Spaß auf, wenn es um die Sexualität geht: Sex mit anderen, obwohl man in einer festen Partnerschaft ist, das geht für uns gar nicht. Wir selbst haben allerdings vor dieser Beziehung Erfahrungen mit anderen Partnern gesammelt und wissen, dass es nichts gibt, was man »verpassen« könnte. Und wir wissen um die Wirkung der Hormone, die bei Sex ausgeschüttet werden und die unglaublich verwirrend sein können, wenn es um das Auseinanderhalten von »Rausch« und echten Gefühlen geht. Vielleicht genießen wir deshalb, dass Sex genau aus diesem Grund für uns etwas so »Heiliges« und Intimes ist, dass es nur uns gehört. Wenn einer von uns merkt, dass er sexuelle Sehnsüchte hat, dann bittet er den anderen darum, ihm wieder mehr Aufmerksamkeit zu widmen. Das reicht – es ist weder ein Drama noch irgendeine Form von Manipulation nötig: Eine einfache Bitte genügt.

Bestimmt können wir dem anderen deshalb jede Erfahrung, jede Bereicherung und jede Minute Spaß und

Freude gönnen, die der andere empfindet, wenn er alleine Veranstaltungen besucht oder reist. »Ich liebe dich« heißt für uns: »Ich wünsche dir, dass es dir so gut geht, wie es nur möglich ist.«

Wir beide haben Eifersucht und Untreue in früheren Beziehungen bereits in beiden Ausprägungen erlebt, aktiv und passiv, und unsere Lektion gelernt. Die Eifersuchtsspirale funktioniert nämlich ganz wunderbar auch in der anderen Richtung, sie zieht auch den passiven Teil der Partnerschaft ganz schnell mit. Daher bedeutet für uns: Geteilte Freude ist doppelte Freude – und jede Freude und jedes schöne Erlebnis, das wir einander mitteilen, ist eine Bereicherung für unser Leben und unsere Partnerschaft.

Die Folge: Allein das Wissen um diese Großzügigkeit des Partners macht ihn unvergleichlich charmant: Dagegen verblasst jeder mögliche Konkurrent.

Ich finde mich nicht jeden Tag schön, und ich habe in den letzten Jahren zugenommen, so dass mir mein Spiegelbild nicht immer (und nicht aus jeder Perspektive) gefällt. Mein Mann jedoch findet mich schön – und das kann ich akzeptieren. Er ist so klug, mir immer wieder zu sagen, dass ich für ihn die schönste Frau der Welt bin und dass er mich liebt, wie ich bin. Das hat einen überaus positiven Nebeneffekt: Es motiviert mich, alles dafür zu tun, auch weiterhin »die schönste Frau der Welt« zu bleiben. Und es macht mich großzügig anderen attraktiven Frauen gegenüber: Manchmal, wenn mir jemand auffällt, weise ich meinen Mann sogar darauf hin, und wir reden darüber, was uns an ihr gut gefällt. Dasselbe tun wir übrigens auch bei attraktiven Männern. Wir zeigen einander damit, dass wir es einander gönnen, auch andere Menschen zu betrachten, und dass wir keine Angst davor haben, der andere können jemand anderes auch schön finden.

Wäre es nicht traurig, wenn wir so blind durch die Welt gehen müssten, dass wir einen attraktiven Menschen nicht bemerken dürfen? Wir jedenfalls finden es nach wie vor schön, attraktive, gutgebaute und gut gekleidete Menschen zu betrachten und zu bewundern. Und keiner von uns beiden muss Angst haben, bei einem interessierten Blick »erwischt« zu werden. Wir wissen, was wir aneinander haben, und unsere Liebe ist nicht gefährdet durch einen Blick oder einen kleinen Flirt.

Wenn man einander lange genug vertraut, ist man viel toleranter. Tatsächlich haben die Partner von eifersüchtigen Menschen deutlich mehr Geheimnisse vor ihrem Partner und gehen auch öfter fremd. Eifersucht erreicht also im Grunde genau das, wovor der Eifersüchtige sich fürchtet, und macht dadurch die Partnerschaft kaputt.

Und doch scheint Eifersucht für viele Menschen untrennbar an Liebe gekoppelt zu sein. Machen Sie sich klar, dass Eifersucht nichts mit Liebe zu tun hat, sondern mit Angst. Wenn Sie es schaffen können, die Angst loszulassen, werden Sie mehr Liebe spüren können, und Sie werden all die positiven Begleiterscheinungen der Liebe genießen können: Vertrauen, Leichtigkeit, Entspannung, Großzügigkeit, Freiheit und vieles mehr.

Mit der Eifersucht verhindern Sie mehr und mehr all diese Gefühle und vernichten Stück für Stück das Vertrauen und die Freiheit und damit auch die Liebe zwischen Ihnen und Ihrem Partner. Ihr Partner ist ein freier Mensch, der das Recht hat, sich in jeder Situation gut zu fühlen – nicht nur mit Ihnen! Je mehr Sie Ihrem Partner Ihr Vertrauen gönnen, umso lieber wird er Zeit mit

Ihnen verbringen wollen. Denn dann ist es eine angenehme Zeit, die nicht vergeudet wird mit Vorwürfen.

Geben Sie die Angst auf, und geben Sie damit auch den Kontrollzwang auf: Sie müssen nicht mehr über Ihren Partner und seine Gefühle bestimmen, um sich geliebt zu fühlen, und haben damit einen großen Schritt zu einer echten, liebevollen Partnerschaft gemacht.

Wenn Sie es gewohnt sind, eifersüchtig zu sein, dann bedeutet das im Grund nichts anderes, als dass Sie Ängste haben. Stellen Sie sich diesen Ängsten, und sprechen Sie mit Ihrem Partner darüber.

ÜBUNG:
Wie wir lernen, uns von Eifersucht zu verabschieden

Was würde mich eifersüchtig machen?

Warum? Wovor hätte ich Angst?

Welche Erlebnisse stecken hinter dieser Angst? Was hat diese Ängste ursprünglich ausgelöst?

Welche Auswirkungen hat das auf meine aktuelle Partnerschaft und auf das Verhältnis zu meinem Partner?

Wie verhalte ich mich?

Macht dieses Verhalten meine Beziehung besser oder schlechter?

Was hat all das mit meinem Partner zu tun?

Stellen Sie sich vor, die Beziehung mit Ihrem Partner würde zwanzig Jahre andauern. Sie könnten eifersüchtig sein oder auch nicht – beide Male dauert Ihre Beziehung zwanzig Jahre. Sie allein können jedoch darüber entscheiden, wie Sie sich diese zwanzig Jahre lang fühlen: ob Sie entspannt sind, glücklich, vertrauensvoll, dankbar – oder ob Sie eifersüchtig, ängstlich, streitsüchtig, unglücklich sind. Uns fiel die Entscheidung leicht … Und wir haben gelernt, dass man mit einem Menschen, der nicht eifersüchtig und streitsüchtig ist, sehr viel lieber und daher auch meist länger zusammen ist …

Liebeskiller Nr. 2: Enttäuschung

»Nina, was wünschst du dir eigentlich zum Geburtstag?«, fragte ich meine Frau eines Morgens. »Am liebsten etwas Handgemachtes, das du dir selber ausgedacht hast«, antwortete sie. Es war die zweite Maiwoche, die Straßen waren schon angenehm warm, die Luft duftete fantastisch, und man konnte vom Balkon aus den Gesang der Hörner der ersten Schiffe hören, die im Hamburger Hafen zum beginnenden Hafengeburtstag eintrafen. Glücklich verliebt schwenkte ich meinen Notizblock, auf dem ich gerade Ideen für einen neuen Song skizzierte, genoss die warme Frühlingsluft und lächelte in mich hinein, da ich – wie ich fand – eine super Idee für ein Geschenk hatte: ein handgemaltes Porträt meines Lieblingsfotos: Nina mit wallendem dunkelbraunen Haar, ein rotes Top und ihr einmaliges Lachen für die Ewigkeit festgehalten auf Leinwand, von mir gemalt. Wofür bin ich gelernter Theatermaler? Das fühlte sich an diesem Freitagnachmittag wunderbar an. Geendet hat alles ganz, ganz anders.

Als Claudius mich im zweiten Ehejahr Anfang Mai fragte, was ich mir zum Geburtstag wünsche, war ich überglücklich: Endlich hatte er mich verstanden und mir zugehört. Ich wusste zu dieser Zeit, dass er gerade knapp bei Kasse war, und ich wollte auf jeden Fall verhindern, dass er unnötiges Geld für Geschenke ausgab, aus denen ich mir ohnehin nichts machte. In den beiden Jahren zuvor hatte er mir häufig teure Sondereditionen von Filmen oder CDs geschenkt. Allerdings, ehrlich gesagt, eher von Bands und Filmen, die ihm etwas bedeuteten. Ich schätzte zwar seinen Wunsch, das mit mir teilen zu wollen, und diese Filme und die Musik hatten mir letztendlich sehr gut gefallen, aber ich fand mich und meine Wünsche darin so wenig wieder. Diesmal wünschte ich mir etwas, das seine Liebe zu mir ausdrückte und nicht seine Liebe zur Musik oder zum Film … Und ich wollte vor allem auch nicht, dass er sein ganzes Geld dafür ausgab. Er musste sich doch daran erinnern, wie sehr sein musikalischer Heiratsantrag mich berührt hatte … Zur Hochzeit hatte er ein Bild für mich gemalt – lustigerweise ein Bild von mir. Warum eigentlich von mir? Ich wusste doch, wie ich aussah … Ich hoffte, er würde mir nun vielleicht ein Bild von sich malen und schenken, so dass ich es auf meinen Schreibtisch im Büro stellen konnte.

An meine Arbeit als Theatermaler konnte ich mich noch gut erinnern, nicht aber daran, wie lange es bei mir schon immer gedauert hat, bis ich mit dem Ergebnis meiner detailversessenen Malerei zufrieden bin. Ich machte mir also zunächst eine Ideenskizze und wendete mich wieder anderen Dingen zu.

Der Mai ging bald zu Ende, und Nina flog für einen TV-Dreh nach Spanien, wohin ich zum Ende der Dreharbeiten, also erst kurz nach ihrem Geburtstag, nachkommen sollte. Unser Abschied verlief sommerlich romantisch, und ich war voller Tatendrang in dieser tollen Atmosphäre (es war ein guter Hamburger Sommer), nahm mir vor, meine neuen Songs und einen Kundenauftrag zu bearbeiten und Ninas Bild zu malen.

Die Zeit verflog im Nu, das Ergebnis meiner Auftragskomposition verlief zur vollsten Zufriedenheit des Auftraggebers, die Aufnahme meiner Demos machte verdammt viel Spaß – nur zum Malen kam ich nicht.

Ich realisierte langsam, dass ich es nicht schaffen würde, Ninas Geburtstagsgeschenk anzufertigen, wie ich es mir vorgenommen hatte: ihr lachendes Konterfei in Acryl auf eine 90 x 60 Zentimeter große Leinwand zu malen und ihr in Spanien zu schenken. Das Bild würde nicht fertig und wäre schon gar nicht trocken genug, um es in einen Koffer zu packen …

Ich fühlte mich schlecht und wurde langsam panisch. Verdammt, was sollte ich denn jetzt tun?

Ich flog nach Spanien und hatte ein paar tolle, aber durchaus anstrengende Drehtage. Ich freute mich auf Claudius' Ankunft und darauf, meinen Geburtstag mit ihm nachzufeiern. In meiner Kindheit hatten meine Eltern immer alle Hände voll zu tun damit, das Familienunternehmen über Wasser zu halten. Meine Eltern sorgten immer dafür, dass unsere Grundbedürfnisse erfüllt wurden und wir wenigstens einmal im Jahr zusammen in den Urlaub fahren konnten – ansonsten aber fehlten ihnen häufig die Kraft, die Ressourcen und auch die Geduld für »Extras«. Ich galt in meiner Familie als die »unkomplizierte«, selbständige und begabte Tochter. Ich stand fast nie im Mittelpunkt – außer ich war laut und forderte nachdrücklich Aufmerksamkeit ein oder ich hatte Geburtstag. Mein Geburtstag war für mich der tollste Tag im Jahr, denn meine Familie war bereit, mich in den Mittelpunkt zu stellen, auf meine Wünsche einzugehen und mich zu feiern – ohne, dass ich etwas dafür tun musste. Mein Geburtstag gab mir das Gefühl, um meiner selbst willen geliebt zu werden. Das überhaupt schönste, beste Gefühl der Welt.

Mir war nie bewusst, wie wichtig und auch verheerend das einmal für mich werden würde: Auch als Erwachsene blieb mein Geburtstag für mich der beste, wichtigste Tag des Jahres. Wenn ich es irgendwie einrichten konnte, nahm ich mir an diesem Tag frei und beschenkte mich auch selbst: mit luxuriösen Extras, die ich mir sonst im Alltag nicht immer leisten konnte. Ich liebte es auch, meinen Geburtstag mit Freunden zu feiern, und genoss die Aufmerksamkeit und die Wertschätzung der Menschen um mich herum, denn dann hatte ich wieder dieses schöne Gefühl, geliebt zu werden, einfach weil es mich gibt …

Dessen war sich mein Mann überhaupt nicht bewusst, der aufgrund seiner Vergangenheit und seiner Kindheitsrituale eine gänzlich andere Erfahrung gemacht hatte. Seine Assoziationen mit dem Wort Geburtstag sind deshalb völlig anders als meine.

Nina hatte mir irgendwann erklärt, dass ihr gekaufte Geschenke nicht so viel bedeuten. Aber erst dieses Geburtstagsfest machte mir klar, wie anders ich ticke als sie: Meine Denkparameter und auch mein Handeln sind so anders, wie ich es nicht für möglich gehalten hätte.

Erst nach diesem bewussten Tag in Spanien kam zum Vorschein, dass ich mit einem guten Geschenk (egal, ob zu Weihnachten, zum Hochzeitstag oder wie in diesem Fall zum Geburtstag) Folgendes verbinde:

– Es ist (meist) gekauft.
– Es sollte teuer sei (damit der Beschenkte meine Wertschätzung für ihn sieht).
– Es muss etwas Besonderes sein.

Was mir gänzlich abging, war die Wahrnehmung, dass ich oft Dinge kaufte, die ich mir am liebsten selber geschenkt hätte, wie zum Beispiel Luxusausgaben von Lieblingsfilm-DVDs oder CD-Boxen.

So versuchte ich auch vor dem besagten Geburtstag noch in letzter Minute umzuschwenken und ein tolles Geschenk für Nina zu kaufen. Ninas Worte im Ohr: »Bitte diesmal keine DVD oder CD, Schatz«, durchforstete ich das Internet und

Die fassungslose Enttäuschung von Nina war wie ein harter Schlag auf den Kopf. Mich erfasste ein maßloses Entsetzen, weil ich mich nicht über den inneren Anspruch hatte hinwegsetzen können, »das tollste Geschenk der Welt« fabrizieren zu wollen. Was für Gefühle mich in den folgenden Augenblicken beherrschten in dieser Nacht, mitten in Spanien, möchte ich nicht mal mehr beschreiben. Betäubt musste ich zusehen, wie Nina einfach aufstand und wegging. Ich wusste nicht, was ich tun sollte, und lief notgedrungen hinterher, weil ich noch nicht einmal wusste, wo ich war und wie ich wieder zum Hotel kommen sollte. Stundenlang redete sie kein Wort mit mir.

Es fiel mir unglaublich schwer, die Gedanken in meinem Kopf zu sortieren. Ich war total hilflos und desorientiert. Immer wieder fragte ich mich: »Warum hat er das getan? Warum hat er das getan?« Irgendwann merkte ich: Alles, was ich da denke, ist kompletter Schwachsinn. Ich weiß, dass mein Mann mich liebt. Er sagt es mir jeden Tag, und er hat es mir schon so oft und so deutlich gezeigt, dass er es auch meint. Wenn er also mit leeren Händen hier auftaucht, dann ganz sicher nicht, weil ich ihm nichts bedeute. Wenn ich wissen will, warum er das getan hat, dann sollte ich ihn fragen und nicht mich selbst. Es kostete mich wahnsinnig viel Überwindung, doch mir wurde bewusst, dass ich eigentlich so lange geschwiegen hatte, um ihn zu bestrafen. Weil ich mir wenigstens noch meinen »Stolz« bewahren wollte. Insgeheim wünschte ich, dass er dafür wochenlang büßen müsste, mir das angetan zu haben. Ich war wütend und verweigerte jede Kommunikation mit ihm, damit er sich schlecht fühlte – weil ich mich so schlecht fühlte. Doch wir hatten nicht geheiratet, um uns schlecht zu fühlen. Da er sicher nicht beabsichtigt hatte, mich zu verletzten, musste ich

103

den ersten Schritt tun, um diese Situation aufzulösen, indem ich ihm die Chance gab, mir zu erklären, was passiert war. Und wenn seine Erklärung mir zu blöd wäre, könnte ich ihn ja immer noch anschreien …

Nina sah mir in die Augen und fragte mich nach einer Ewigkeit: »Okay, was war da los, hm?« Ich war unglaublich erleichtert und erklärte ihr alles.
Sie schrie mich an.

Als Claudius mir erklärte, welche Höllenqualen er gelitten hatte, war ich immer noch fassungslos – über so viel Blödheit. Ich schrie ihn an, aber das war besser als die Ohnmacht, die ich vorher gespürt hatte. Als ich meiner Entrüstung genug Ausdruck verliehen hatte, versprachen wir uns, dass wir so etwas Dummes nicht mehr wiederholen wollten. Und wir küssten uns. Ich erklärte ihm in dieser Nacht, warum das alles so verdammt wichtig für mich war, und er erzählte mir, warum das alles so verdammt schwierig für ihn war, und auch wenn ich immer noch ziemlich durch den Wind war: Am Ende war danach alles nur noch halb so wild.

Der Hormonrausch der Verliebtheit macht es möglich, dass wir uns über alle Hindernisse hinwegsetzen können. Verliebtheit wird beschrieben als ein Zustand der Leichtigkeit. Wir fliegen in diesem Zustand über alles hinweg, über das wir sonst sehr schnell stolpern könnten: Marotten, Eigenheiten, Ansichten, Überzeugungen, Vorlieben und Prägungen. Solange wir verliebt sind, sehen wir unseren Traumpartner in diesem strahlenden Licht und sind überzeugt, zusammenzugehören und füreinander bestimmt zu sein.
Im Rausch der Liebe sehen wir nur das Beste. Wir sind

eine gute Idee sein kann, schon früh darüber zu reden, was Sie in Ihrer Partnerschaft voneinander erwarten – und was eine Regelverletzung für Sie bedeutet.

Vereinbaren Sie gemeinsame Regeln, und tauschen Sie sich über die gegenseitigen Erwartungen aus. So vermeiden Sie von vornherein viele Enttäuschungen.

••

Übung:

Schreiben Sie Ihrem Partner einen Brief, in dem Sie ihm sagen, was Ihre Erwartungen an Ihre Partnerschaft sind und wofür Sie ihn halten. Schreiben Sie ihm, wie Sie ihn persönlich einschätzen, was sie ihm zutrauen und was das für Ihre Beziehung auch in Zukunft bedeutet.
Bitten Sie ihn, dasselbe zu tun. Das mag ein wenig nach Arbeit klingen. Wir können Ihnen eines versprechen: Eine Stunde Zeit, die sie investieren, kann die Qualität Ihrer Partnerschaft auf Jahre hinaus erhalten und verbessern. Es ist die Mühe wert.

••

Liebeskiller Nr. 3: Schuld

Eine große Herausforderung war für uns der Umgang mit Schuld: Allzu verführerisch ist es doch, dem Partner zu beweisen, warum er die Verantwortung an einer unschönen Situation trägt und nicht man selbst. Warum er »selbst schuld« ist.

Auf Dauer schadet dieses Verhalten, immer einen Schuldigen zu suchen – und im anderen zu finden –, jeder Beziehung. Schuldsuche ist ein Liebeskiller.

Das gilt auch für die Suche nach einem Schuldigen, der außerhalb der Beziehung liegt.
Dabei muss es sich nicht einmal um große Beeinträchtigungen handeln. Meist suchen wir gerade dann einen Schuldigen, wenn es um Kleinigkeiten geht, den kleinen Stein, der große Kreise zieht, wenn wir ihn ins Wasser werfen. Das Schuldprinzip schleicht sich in viele alltägliche Begebenheiten ein und nagt hier und dort am Fundament der Liebe und der Zuneigung und sorgt dafür, dass wir versucht sind, einander abzulehnen. Das Prinzip, für alles einen Schuldigen zu suchen, kann schlimme Folgen haben – wenn wir es zulassen:

Ich gebe ehrlich zu, ich habe die Dinge gerne im Griff, und wie die meisten Menschen mag ich es sehr, wenn alles läuft, wie ich es mir vorstelle. Claudius hat mich damals schlichtweg umgehauen mit seiner ganzen Art, seiner Begeisterung, seiner Offenheit und seinem Mut. Zum ersten Mal seit Ewigkeiten hatte ich das Gefühl, dass Claudius jemand sein könnte, dem ich vertrauen kann.

Irgendwann merkte ich dann, dass ich hier eine wichtige Lektion zu lernen hatte: Ich kann meinem Mann vertrauen – wenn ich dafür nicht voraussetze, dass er auch zu hundert Prozent über dieselben Fähigkeiten und Fertigkeiten verfügt wie ich.

Ich erwischte mich dabei, wie ich versuchte, meinem Mann die Schuld für Verspätungen, verpasste Termine und ähnliche »Fehler« (jedenfalls in meinen Augen) zu geben, weil ich mich darauf verlassen hatte, dass er das hinbekäme. War ja (nur) eine Frage des Zeitmanagements. Das allerdings ist eine Sache, die Claudius leider nicht gut beherrscht. Nun ja, so wirklich gut bin ich darin auch nicht, genau deshalb wäre es ja so bequem gewesen, die Verantwortung dafür ihm zuzuschieben und ihm dann die Schuld zu geben, wenn etwas nicht funktioniert.

Ich kann mich für sehr unterschiedliche Bereiche des Lebens begeistern. Ich liebe zwar seit meiner Geburt Musik, und mir fällt täglich irgendeine Melodie oder ein Text ein, aber mich fasziniert noch sehr viel mehr: die Natur, Tiere, Städte, Menschen und warum sie sich so verhalten, wie sie es tun. Abende mit Freunden, an denen wir gemeinsam kochen. Konzert- und Theaterbesuche und Filmabende mit geliebten Menschen – oder nur unter uns. Und: Ich liebe das Fleckchen Land, auf dem wir gerade wohnen.

Wenn mich eine Sache begeistert, dann verliere ich schon mal andere Bereiche meines Lebens aus den Augen. Das gilt für den Moment, wenn ich mich im Flow verliere, in der Beschäftigung mit einer faszinierenden Sache, aber auch für größere Zeitspannen.

Als wir im April 2010 in Schleswig-Holstein ankamen und unser Seminarhaus eröffneten, begeisterte mich nichts so sehr wie Gartenarbeit: Blumen und Gemüse pflanzen. Die

Pflege unseres kleinen Paradieses. Es war ein fantastischer Sommer. Ich ging in unserem neuen Leben vollkommen auf, und Bemerkungen von Freunden, ob das nicht irre anstrengend sei oder mir etwas fehle auf dem Land, quittierte ich mit einem Grinsen und mit dem Satz: »Ich baue jetzt Gemüse an und mache den Garten schön. Das ist meine wahre Berufung!«

Es war eine Freude zu sehen, wie mein Mann in unserem neuen Zuhause aufblühte: Die Ruhe um ihn her, der viele Platz, den er plötzlich hatte, und das Grün der Natur schienen ihn glücklich und ausgeglichen zu machen. Natürlich war es auch eine Umstellung. Und es war eine Menge Arbeit, aber es war eine aufregende Aufgabe mit neuen Herausforderungen, bei denen die Ergebnisse meist direkt sichtbar waren. Selbst ich wurde ein großer Fan der Aufgabe »Rasen mähen«: Ich zog Bahn um Bahn mit dem Rasenmäher, ging auf wie in einer Meditation und betrachtete nach einer Stunde Wanderung zufrieden das Ergebnis. Alles war schön.

Das war einer der besten Sommer meines Lebens, ich arbeitete so ausdauernd und hart wie selten, und selbst im darauffolgenden Februar war meine Lieblingsbeschäftigung das Ziehen neuer Pflanzen.
Irgendwann fiel mir auf, dass ich im Bereich Musik immer weniger Einnahmen erzielte, und das schlug mir auf die Laune. Auf einmal hatte ich das Gefühl, viel zu viel im und am Haus zu arbeiten. Ausgerechnet die körperliche Arbeit, die mich die ganzen Monate so begeistert und mich so fit gemacht hatte, erschien mir urplötzlich als Last. Mir tat der Rücken weh, ich grummelte, und irgendwann, als ich nachts (auf eigenen Wunsch) wieder einmal die Wäsche zum Trocknen aufhängte, platzte es aus mir heraus: »Ich habe ja hier

112

so viel zu tun – es bleibt gar keine Zeit mehr für mich und meine Musik!«
Starker Tobak – aus meinem eigenen Mund.

Ich war erst einmal geschockt, als Claudius das zu mir sagte, denn es klang wie ein Vorwurf. »Was willst du mir damit sagen?«, fragte ich ihn. Er versuchte mir ernsthaft zu erklären, dass er den ganzen Tag beschäftigt sei mit Aufräumen, Waschen, Gärtnern und so weiter und dass er gar keine Musik mehr machen könne. Ich stutzte: Natürlich machte so ein großes Haus viel Arbeit, aber ich hatte das Gefühl, dass Claudius sich manchmal sogar regelrecht Arbeit »machte«, nur um sie machen zu können. Und jetzt versuchte er mir vorzuwerfen, dass unser Haus ihn von seiner Musik abhielt? Mein »Lieblingsknopf«, den man bei mir drücken kann, ist Ungerechtigkeit: Ich hatte das Gefühl, Claudius wollte mir Schuld daran geben. Er hatte im vergangenen Jahr weniger verdient. Fühlte sich nicht glücklich mit der aktuellen Lebenssituation. Mir die Schuld zuzuweisen fand ich sehr ungerecht. Und schon war der allerschönsten Streit im Gange, und wir fingen an, einander zu beschuldigen. Unsere Sätze begannen mit dem schönsten aller Vorwürfe: »Aber du hast doch …«

Glücklicherweise haben wir beide recht schnell verstanden, dass es eine dumme Idee ist, dem Partner die Schuld an etwas zu geben, das man selbst hätte verhindern können. Oder das man selbst hätte tun müssen. Sich aufeinander zu verlassen heißt eben nicht, darauf zu bauen, dass der andere es schon richten wird, sondern sich im Klaren über die Fähigkeiten des Partners zu sein. Man sollte sich nur darauf verlassen, dass der andere sein Bestes geben wird. Was nicht gleichbedeutend ist damit, dass es auch das ist, was man selbst in der Situation tun würde.

Doch wie kommen wir überhaupt zu diesem Denken? Was veranlasst uns dazu, immer einen Schuldigen zu suchen – und sei es der Mensch, den man doch eigentlich liebt?

Zum einen hat dies mit der Struktur unserer Gesellschaft zu tun. Viele Organisationen kennen das Prinzip von Schuld und Sühne, sie beruhen darauf: Wer Menschen dazu bringt, sich schuldig zu fühlen, hat es leicht, sie in einem nächsten Schritt zu manipulieren. Und so ist die Menschheit bereits seit Adam und Eva auf der Suche nach dem Schuldigen an jedweder Misere. So bedient sich bereits die Kirche, die viele Jahrhunderte maßgeblichen Einfluss auf die Regierungen hatte, dieses Prinzips und versucht damit (auch recht erfolgreich), Menschen dorthin zu lenken, wo man sie haben möchte: Wer kennt nicht den Verkauf von Ablassbriefen? Völlig uneigennützig …

Auch in der Emanzipation wurde sehr viel mit Schuld gearbeitet – als ob Männer leichter davon zu überzeugen wären, Frauen als gleichberechtigt anzusehen, wenn sie sich schuldig fühlen.

Unser gesamtes Versicherungswesen basiert auf dem Schuldprinzip: Haftpflicht- und Krankenversicherung möchten gerne wissen, wer der Verursacher eines Unfalls ist, damit sie diesen gegebenenfalls zur Kasse bitten können.

Immer wieder geht es um die Schuldfrage. Viele Menschen scheuen sich davor, Verantwortung zu tragen, weil sie das im Zweifelsfall automatisch zum Schuldigen macht, wenn etwas nicht funktioniert.

Wir alle sind mit diesen Regeln, mit dieser Ordnung der Dinge und in diesen Verhältnissen groß geworden. Es ist daher vermutlich gar nicht verwunderlich, dass wir es auch in unserer Beziehung versuchen möchten: Wenn es nicht gut läuft, muss es einen Schuldigen geben. Und wer wäre dafür besser geeignet als der Mensch, in den wir so viele Hoffnungen gesetzt haben?

Der Wunsch, Schuld zu verteilen, ist uns meist überhaupt nicht bewusst, und genau das macht ihn so gefährlich: Unser Alltagsleben bringt nun einmal Probleme mit sich, auch wenn wir es immer wieder schaffen, sie zu ignorieren. Für kurze Zeit geben wir uns der Illusion hin, alles sei perfekt. Aber das gibt es nun einmal nicht.

In Momenten, wo die rosarote Brille der Verliebtheit samt Zauberkraft der Illusion versagt, greifen wir nur allzu gerne in die Kiste der erlernten Muster und holen dann mit sicherem Griff auch die Schuldfrage hervor. Oft genug reichen der Alltag und die Gewöhnung an den Zustand der Partnerschaft aus: Wir betrachten alles, was der Partner an positiven Effekten in unser Leben bringt – alles, was wir mögen, und alles, was uns recht ist –, als »normal« und verlieren die Wertschätzung dafür. Von dem Moment an sehen wir genau, wo es hakt: Die Situation, wo der Partner nicht dem Idealbild entspricht, wo er nicht passt, sich nicht genug bemüht oder kümmert. Unser Partner wird zum »Täter«, der uns den Tag versaut mit seiner Art, seinen Schwächen, seinen Macken, seiner Unaufmerksamkeit. Er ist schuld daran, dass etwas nicht so ist, wie es sein könnte. Also ist er automatisch schuld daran, dass wir nicht zufrieden oder nicht glücklich sind.

Aus dem Zustand der Unzufriedenheit kreieren und verteilen wir Schuld, denn Schuld ist eine wunderbare Methode, schlechte Gefühle zu verteilen. Doch im Grunde ist Schuld nichts anderes als Verantwortung, die keiner haben möchte. Gehen wir der »Schuldfrage« nämlich auf den Grund, so landen wir meistens an einer ganz anderen Stelle als dort, wohin die Schuld geschoben wurde.

Wenn man sich selbst schlecht fühlt und versucht, dem Partner die Schuld daran zu geben, ist das in 99,9 Prozent aller Fälle eine glatte Lüge. Wir sagen: »Du bist Schuld …« oder »Deinetwegen …«, und der Partner findet direkt ein Gegenargument: »Hättest du nicht, …« oder »Was? Du wolltest doch …«, worauf wir schnellstmöglich ebenfalls einen Grund (er)finden müssen und diesen in Form von »Ja, aber nur weil …« wieder zurückspielen. So geht das hin und her und wird in der Regel immer lauter. Und da finden wir einen ganz deutlichen und banalen Hinweis auf die Lüge: Wer unschuldig ist, muss nicht laut werden. Wer sich nicht angegriffen fühlt, muss sich nicht verteidigen. Ach, wenn es so einfach wäre …

Wenn wir uns in gegenseitigen Schuldzuweisungen verlieren, können wir nicht so weitermachen, als sei nichts passiert. Wir haben einen Lösungsweg gefunden, den wir auch im Coaching anwenden: Wir alle üben – ob bewusst oder unbewusst – wechselnde Rollen aus. Und jeder von uns begibt sich in eine andere Rolle, wenn die eigene schon besetzt ist, das gilt als erwiesen. Wenn wir uns bewusst machen, dass Rollenbilder keine festen Gebilde, sondern veränderbar sind, können wir unserer Beziehung sehr viel Gutes tun. In einer Partnerschaft kann es beispielsweise immer nur einen geben, der gerade aktiv ist und die Richtung angibt. Es muss einen geben, der bereit ist, dieser Richtung zu folgen. Sonst laufen die Partner bald in verschiedene Richtungen davon. Ein Part muss nicht immer vom selben Partner übernommen werden – aber es ist wichtig, sich darüber auszutauschen und die eigenen Erwartungen zu kommunizieren und auch mal einzusehen, dass man den Partner vielleicht gerade überfordert oder über- bzw. unterschätzt hat. Das Letzte, was eine Partnerschaft braucht, ist Stolz.

Machen Sie sich bewusst, dass Schuldzuweisungen eine der Nebenwirkungen von Angst sind. Sie bedrohen unsere Beziehung, wenn wir unser Leben weiterhin auf Angst aufbauen, anstatt auf Liebe. Es ist tatsächlich so, dass wir unbewusst davon ausgehen, dass wir uns besser fühlen werden, wenn der Partner die Schuld für den vermeintlichen Fehler spürt. Doch in Wahrheit leitet uns die Angst vor der eigenen Verantwortung.
Es geht also nicht darum, herauszufinden, wer schuld ist, wir müssen gar nicht die Schuldfrage stellen, wenn wir erkennen, dass Schuld eigentlich ein Hirngespinst ist. Schuld entsteht nur, wenn man sie schafft – wenn man einen Schuldigen sucht und schlechte Gefühle in ihm wecken möchte.

Unser Rat: Suchen Sie keinen Schuldigen, sondern konzentrieren Sie sich auf das, worum es wirklich geht. Schaffen Sie das Problem aus der Welt!

Schaffen Sie keine Schuld durch unnötige Schuldzuweisungen. Das ist möglicherweise anfangs etwas gewöhnungsbedürftig, aber es ist gar nicht so schwer, wie Sie vielleicht glauben:
Schaut man ehrlich auf die fragliche Angelegenheit, und schaut man tiefer, so findet man immer den Punkt, der für einen selbst nicht besonders »rühmlich« ist. Vielleicht hat man selbst nicht die nötige Verantwortung übernommen. Oder man hätte den Partner und mit ihm die ganze Welt gerne anders, als sie nun einmal ist. Manchmal hilft es, die eigenen Bedürfnisse anzusprechen. Dann muss es der Partner einem nicht im Blindflug »recht machen« …
Es gibt unzählige Beispiele und Varianten, von denen Ihnen bestimmt auch einige bekannt vorkommen:

Lüge	Mögliche Wahrheiten
Du bist schuld, dass wir zu spät kommen.	Ich habe dir nicht gesagt, wie spät es schon ist.
	Ich habe selbst getrödelt und will die Verantwortung nicht, aber ich habe bemerkt, dass du auch getrödelt hast, und gebe lieber dir die Schuld als mir.
Du bist schuld, dass ich Kopfschmerzen habe.	Ich habe dir nicht rechtzeitig gesagt, dass es mir nicht so gut geht und mich stört, was du tust. Ich habe von dir erwartet, dass du spürst, wie es mir geht, und dass du Rücksicht auf mich nimmst.
Hättest du nicht … gemacht, dann …	Ich habe nicht bemerkt, dass du etwas anders gemacht hast, als ich es für richtig halte, und ich möchte, dass du dich schlecht fühlst deshalb.
Das ist alles deine Schuld!	Ich habe darauf vertraut, dass du fürs Gelingen sorgen wirst, und habe selbst keine Verantwortung getragen.
Ich habe mir solche Sorgen gemacht!	Eine Aussage, die eigentlich »Fürsorge« ausdrücken soll, aber in Wahrheit auch eine Beschuldigung beinhaltet. Eigentlich besagt sie: »Ich habe dir nicht vertraut« und »du bist schuld daran, dass ich mich schlecht gefühlt habe beim Gedanken daran, dass du dich in Gefahr bringen könntest.«

Fast immer lautet die eigentliche Aussage: Ich habe von dir erwartet, dass du die Verantwortung trägst. Oder: Ich habe erwartet, dass du merkst, wie es mir geht.

Dahinter verbirgt sich die simple Wahrheit: »Du bist nicht so, wie ich dich gerne hätte, und das ärgert mich!«

Doch unser Partner ist kein Gedankenleser und auch nicht dafür zuständig, unsere Bedürfnisse zu erfüllen. Es ist wunderschön, wenn wir einem Menschen so nahe sind, dass wir häufig dieselben Gedanken haben oder uns »im Gleichklang« fühlen. Doch das ist nicht selbstverständlich, und es ist wahrlich kein Dauerzustand. Viel zu häufig verlassen wir uns auf diese nicht vorhandene Fähigkeit des Gedankenlesens – oder wir glauben, ein Recht darauf zu haben, dass unser Partner mehr bei der Sache sein sollte, rücksichtsvoller sein müsste oder dass er uns die Verantwortung schon abnehmen wird.

Wir haben einen sehr treffenden Begriff für diese Gedanken gefunden: Wahnvorstellungen.

Wir nennen es Wahnvorstellungen, weil eine Wahnvorstellung etwas ist, von dem man glaubt, es sei Realität, obwohl es in Wirklichkeit gar nicht da ist. Wie der Glaube, der Partner könne unsere Bedürfnisse erkennen und würde wissen, was zu tun ist. Genauso ist es eine Wahnvorstellung, wenn wir annehmen, unseren Partner wirklich zu kennen und genau zu wissen, was und wie er denkt.

In einer Streitsituation verteidigen wir häufig diese Wahnvorstellung und versuchen, dem Partner einzureden, dass er Schuld hat, weil er nicht unseren Wahnvorstellungen entspricht. Wir streiten in diesem Moment quasi nicht nur mit unserem Partner, sondern auch mit der Realität. Wir verteidigen unser Bild der Realität, das »Wie es sein sollte«.

 Das Letzte, was ein Paar weiterbringt, ist die Suche nach dem Schuldigen – denn dabei verändert und verbessert man gar nichts.

Stattdessen sollte sich jeder der Beteiligten überlegen, was er verändern könnte, damit es in Zukunft besser läuft.

119

Im Kapitel über Streit finden Sie eine hilfreiche Technik, die »Schuldfrage« in fast allen Situationen schnell aus dem Weg zu schaffen: Sprechen Sie mit Ihrem Partner über das Thema Schuld. Tun Sie den ersten Schritt, und seien Sie ganz mutig: Überlegen Sie, wo und in welchem Zusammenhang Sie Ihren Partner (manchmal auch heimlich) beschuldigen. Suchen Sie in Ihrer Erinnerung nach Situationen, wo Sie einen Schuldigen gesucht haben. Vielleicht damit Ihr Partner (oder eine andere Person) sich schuldig und damit schlecht fühlen sollte, nur weil Sie selbst sich schlecht gefühlt haben. Wollten Sie, dass Ihr Partner sich anders verhält? Oder dass Sie den eigenen Willen leichter durchsetzen? Vereinbaren Sie mit Ihrem Partner, in Zukunft ehrlicher miteinander zu kommunizieren, denn jede Beschuldigung birgt im Grunde auch eine Lüge: die Lüge, der Partner sei schuldig und trage die Verantwortung für eine Situation, die Ihnen Unbehagen bereitet.

Vergessen Sie niemals, dass Sie eine Liebesbeziehung mit einem Menschen begonnen haben, um zu lieben und geliebt zu werden – und nicht, um jemanden zu haben, den Sie beschuldigen können, wenn Ihr Leben nicht perfekt ist.

Liebeskiller Nr. 4: Visionslosigkeit

 »Du willst was?« Ich starrte meinen Mann fast ungläubig an.

»Ja«, sagte er, »wenn wir ein Haus finden, in dem wir Seminare geben und ein Studio einrichten können, dann könnten wir doch auch gut auf dem Land leben!?«

Ich wusste nicht, was ich dazu sagen sollte. Natürlich war klar, dass wir nicht noch zwei weitere Jahre in meiner 50-Quadratmeter-Wohnung in Eimsbüttel leben würden. Es war einfach zu eng, und das Haus war zu schäbig, um Menschen dorthin einzuladen, die man nicht wirklich sehr gut kannte, und die Situation war alles andere als angenehm. Wir hatten oft im Scherz gesagt, dass wir besser ein richtig großes Haus mit einem richtig großen Garten haben sollten, weil wir einfach richtig laute Menschen sind: Wir lieben laute Musik, laute Partys, lauten Sex, und wenn wir mal streiten, dann wird es ebenfalls laut. Dass jedoch »ein Haus auf dem Land« ganz oben auf Claudius' Liste stand, das hätte ich nicht gedacht. Ausgerechnet er, der Berliner, wollte ein Landei werden? Andererseits: Warum eigentlich nicht? Unter bestimmten Bedingungen hätte es eine Menge Vorteile. Und vor kurzem war mir vom Regionalexpress nach Kiel aus eine Haltestelle aufgefallen, ein Bahnhof, der zu einem kleinen Ort gehören musste – weniger als eine Stunde von Hamburg entfernt.

Ich ging mit unserem Hund ums Haus, dreiundzwanzig Uhr, Hamburger Winter – und wieder war da zu wenig Platz zum Toben. Auch in dieser Januarnacht fand jemand Zeit und Gefallen daran, mir zuzurufen: »Der Hund muss aber an die Leine ...« Da entfuhr es mir gegen den eisigen Wind: »Ich glaub, wir ziehen gleich aufs Land ...« Ich öffnete die Tür zu unserer Hamburger Wohnung. Nina wedelte mit dem Laptop: »Guck mal, was ich gerade gefunden habe!«

Es war unglaublich: Claudius war so begeistert von dem Haus, dass er mich noch am selben Abend drängte, den Anbieter zu kontaktieren, und es war wie ein Wunder: Das Haus lag in der Nähe eines Bahnhofs mit großartiger Anbindung an Hamburg, es war riesig und fantastisch geschnitten und unglaublicherweise erschwinglich. Doch der größte Kracher war: Die Eigentümerin wollte es tatsächlich sehr gerne an uns vermieten.

Als wir drei Monate später in unser Landhaus einzogen und ich meine Büro-Kisten auspackte, fand ich meine »Löffel-Liste«: eine Liste aus einem von Ninas Seminaren, an dem ich aus Spaß teilgenommen hatte. Wir hatten alles daraufgeschrieben, was wir auf jeden Fall gerne tun und erleben wollen, bevor wir irgendwann »den Löffel abgeben« müssen: Ich hatte längst vergessen gehabt, was ich da ganz oben auf meine Wunschliste geschrieben hatte: in einem Haus auf dem Land leben …

Wir hätten niemals gedacht, dass unser Wunsch für »später« bereits wenige Monate später wahr werden sollte. Aber diese Tatsache hat uns gezeigt, dass alles möglich ist, und wir sind seitdem offen für alle Möglichkeiten und Projekte, ohne einander immer direkt nach dem »wie« zu fragen. Nach dem »ob überhaupt« und dem »meinst du, es ginge«. Wir haben bei der Umsetzung gemerkt, dass eine Vision – und sei sie noch so »spinnert« – uns Energie und Freude schenkt und uns als Paar näher aneinander bindet, auch wenn manches, was wir uns zusammenspinnen, nur Luftschlösser sind. Nichtsdestotrotz ist

122

es für eine Partnerschaft wichtig, einfach mal zu spinnen. Aber dabei darf man nicht aus den Augen verlieren, dass man »Spinnerei« und Vision trennen können sollte. Das Ziel ist es, eine echte, lebendige Vision dessen vor Augen zu haben, was sich mit dem Partner und innerhalb der Partnerschaft gestalten lässt – und noch vielmehr: was Sie gestalten möchten.

Haben Sie eine Vorstellung davon, was Sie – und Ihr Partner – mit Ihrer beider Leben machen möchten? Welche Träume möchten Sie sich als Paar, aber auch alleine erfüllen, und welche Ziele wünschen Sie sich zu erreichen? Wohin soll Ihre Partnerschaft Sie führen?

Wir lernen immer wieder Menschen kennen, die in einer Partnerschaft leben und momentan in einem Zustand des Unglücklichseins festzusitzen scheinen. Nichts geht mehr vorwärts, aber es geht auch nicht zurück. Sie sind gefangen in der Tretmühle des Lebens, wie Hamster im Hamsterrad. Vielen Menschen geht es so. Und für viele fühlt es sich so an. Die Beziehung zu dem einst geliebten Partner hat einen Tiefpunkt erreicht, und viele empfinden nur noch Langeweile oder sind genervt.

Wenn wir sie bitten, ihre Gefühle mit Worten zu beschreiben, verwenden Klienten oft Sätze wie »die Luft ist raus« oder »mit meinem Partner ist ja nichts mehr anzufangen«. »Mein Partner geht mir langsam auf die Nerven.« Manchmal hören wir auch den Satz: »Ich ersticke in unseren vier Wänden.«

Auf der Suche nach Gründen, warum man sich gerade beziehungstechnisch in einer »toten Zone« befindet, beklagt häufig einer der Partner oder sogar beide den Stillstand in ihrer Partnerschaft. Auf uns macht das den Eindruck, als hätten die Betreffenden – oder deren Partner –

alles erreicht, sobald sie es geschafft haben, in einer Beziehung zu leben. Es ist ein bisschen, als hätte man versucht, ein Märchen nachzustellen: Nach Überwindung der Hindernisse kommen Held und Prinzessin zusammen, »und sie lebten glücklich bis ans Ende ihrer Tage«. Aber leider erklärt kein Märchen, wie die beiden das geschafft haben, das mit dem Glücklichsein … Was tun die beiden, wenn der Drache getötet, die Hexe verbannt, der Zauberer besiegt ist? Womit beschäftigen sie sich bis ans Ende ihrer Tage?

Die Welt, in der wir leben, ist voller Visionen, doch wir bemerken es gar nicht mehr. Jedes Haus, jedes Auto, jeder Film, jedes Bild – alles um uns her ist einmal die Idee im Kopf eines Menschen gewesen. Nicht mehr als ein Gedanke: »Ach, wäre es nicht schön, wenn …«

Alles, was wir Menschen erschaffen und geschafft haben, ist uns nur aus einem einzigen Grund gelungen: Wir wollten es, und wir konnten es uns vorstellen, das zu schaffen.

Daraus ziehen wir den Schluss:

 Eine gemeinsame Vision von der eigenen Zukunft und vom »Wir« ist eine wesentliche Zutat für eine lange, erfüllende und befriedigende Partnerschaft.

Manchmal aber ist einer der Partner schon mit weniger zufrieden. Ihm reichen eine gemütliche Wohnung, eine sichere Arbeit, die Gewissheit, dass der Partner ihn toll findet und ihn nicht betrügt – und ab und an mal Sex … Gleichzeitig aber leidet der andere unter dieser Visionslosigkeit. Darunter, dass sich nichts mehr entwickelt und die beiden Partner nicht mehr wachsen und sich verändern können. Und dann verfolgt ihn eine ganz anders geartete Vision: dass man alt wird und dass das alles war.

Eine Partnerschaft gibt den Menschen die Möglichkeit, aneinander und sogar über sich selbst hinauszuwachsen. Ein Potenzial, das Sie nicht verkennen sollten.

Auch wir waren uns zunächst nicht klar darüber, was unser »Wir« für eine Zukunft haben sollte. Wohin sollte dieses »Wir« uns bringen, und was konnten wir zusammen erreichen? Dass wir darauf keine Antwort hatten, genau das macht für uns jedoch das Abenteuer unserer Liebe aus: Es gibt diesen schönen Sinnspruch, dass das Ganze mehr ist als die Summe seiner Teile, und genau dafür offen zu sein (und offen zu bleiben) hat uns ungemein bereichert. Wir trauen uns zusammen Dinge, die wir uns ohne den anderen nicht einmal vorgestellt hätten. Wir inspirieren uns gegenseitig, weil wir uns für die Träume und Ideen des anderen interessieren. Und weil wir ab und zu einfach sagen: »Warum eigentlich nicht!?« Sicher ist nicht jeder so abenteuerlustig, wie wir es sind – doch den meisten Menschen stehen heutzutage deutlich mehr Möglichkeiten offen, als sie bereit sind wahrzunehmen.

Im Gegensatz dazu waren die Visionen in der Generation unserer Eltern noch recht deutlich umrissen: Bei den meisten wären zu nennen: Heirat, ein eigenes Haus, Kinder. Damals ließ das Leben, der Alltag, ja die Gesamtgesellschaft keine größeren Visionen zu als die von »geordneten Verhältnissen« und »Sicherheit«. Kein Wunder, dass heute so viele Ehen geschieden werden, oft sogar, sobald die Kinder aus dem Haus sind, und spätestens dann, wenn einer der beiden Ehepartner aus dem Berufsleben ausscheidet: Alle Aufgaben sind erfüllt, alle Projekte »abgearbeitet«, und es gibt nichts mehr, was man gemeinsam erreichen möchte. Die Liebeskiller Enttäuschung und Schuld haben bei den meisten Paaren die ursprünglich vorhandene Liebe in circa 30 Ehejahren derart ramponiert und geschwächt, dass keine Wünsche offengeblieben sind, es auch gar nicht den Willen gibt, neue Visionen und gemeinsame Projekte zu entwickeln. Oft fehlt allein die Idee dazu. Im Grunde haben sich manche Ehepartner derart wenig zu sagen, dass sie heilfroh sind, wenn sie den anderen nicht (mehr) sehen müssen.

Das ist wirklich sehr traurig, denn gerade innerhalb der Partnerschaft findet man die nötige Sicherheit und Unterstützung, um eigene Ideen, Visionen und Pläne anzugehen, an deren Umsetzung man sich alleine niemals wagen würde. In einem Partner haben Sie einen Menschen, der an Sie glaubt und der Ihnen Mut macht. Es sollte jemand sein, der Ihnen helfen kann, gute Entscheidungen zu treffen. … und das müssen noch nicht einmal immer die gesellschaftlich anerkanntermaßen »richtigen« sein.

Machen Sie mehr aus Ihrem Leben, als zu einer Arbeit zu pendeln, die Sie möglicherweise nicht einmal erfüllt und in Ihren Augen wenig sinnstiftend ist. Machen Sie mehr aus Ihrem Leben, als in einer Partnerschaft zu verharren, die im Wesentlichen darin besteht, dass Sie eine Wohnung teilen, gemeinsam fernsehen und gelegentlich Sex haben … Und damit meinen wir nun wirklich nicht, dass Sie den Partner verlassen sollen: Sie könnten mit ihm ein so viel besseres, schöneres, reicheres Leben führen! Wenn Sie den eigenen Visionen trauen wollten …

Wir haben im Folgenden ein paar Anregungen und Übungen zusammengestellt, die Ihnen und Ihrem Partner helfen können, verschüttete Träume, Hoffnungen,

Ziele und Wünsche wieder auszugraben, zu reanimieren oder auch gänzlich neu entstehen zu lassen. Wir haben festgestellt, dass viele Menschen sich gar nicht daranwagen, die eigenen Herzenswünsche, Kindheitsträume und Talente auszuleben, zu realisieren und zu nutzen. Vieles ist unter dichten Schichten vergraben, aber es möchte wiedergefunden werden!

 Jeder Mensch hat unterschiedliche Potenziale – und manchmal braucht es einfach einen guten Partner, um sie zu entdecken und nutzen zu können.

Natürlich ist jeder Mensch mit einer unterschiedlichen Ausstattung an körperlichen und geistigen Fähigkeiten zur Welt gekommen, aber jeder kann auf seine Weise das Leben, das für ihn möglich und bestimmt ist, leben und erreichen. Wir wünschen Ihnen, dass dies kein Traum bleibt, sondern Realität wird. Innerhalb der Partnerschaft, die Sie anstreben. Wir haben sehr schnell gemerkt, dass wir uns auch beruflich gut unterstützen können – dieses Buch ist nur ein kleiner Teil dessen, was wir zusammen auf die Beine stellen. Die meisten unserer Vorhaben hätten wir niemals ohne den jeweils anderen realisieren können. Aber auch im privaten Bereich ist es mehr als nur angenehm zu wissen, dass wir einander unterstützen oder uns sogar inspirieren können.
So können wir uns heute (zu unserem eigenen Erstaunen) zum Beispiel nicht einmal mehr vorstellen, dass wir tatsächlich vor vier Jahren in Hamburg eine Wohnung gesucht haben. Wir lieben unseren Palast auf dem Land, und wir wissen, dass er noch lange nicht unsere letzte »Station« im Leben sein wird …

ÜBUNGEN:

Schreiben Sie auf, was Sie gut können (ganz egal, ob es private oder berufliche Dinge sind, Erlerntes oder Talente, kleine oder große Fähigkeiten).
Schreiben Sie auf, was Sie lieben.
(Sie können ebenfalls für Ihren Partner überlegen, was er/sie Ihrer Meinung nach gut kann. Möglicherweise ist das sehr inspirierend für den anderen.)
Wenn die Welt Ihrer Meinung nach »perfekter« sein könnte, schöner: Wo würden Sie anfangen, etwas zu verändern? Was wäre anders, besser als jetzt?
Was könnten Sie mit Ihren Fähigkeiten dazu beitragen, um diese »bessere Welt« zu erreichen?

Nehmen Sie sich Zeit, und schreiben Sie auf einen Zettel 30 Dinge, die Sie in Ihrem Leben gerne noch tun würden, Dinge, die Sie besitzen oder erleben möchten. Das können kleine und große Dinge sein – und sie müssen nicht »realistisch« oder »realisierbar« sein: Wenn Sie unbedingt mal Queen Elizabeth die Hand schütteln oder zum Mond fliegen wollen – schreiben Sie es doch auf! Wenn Sie endlich noch mal nach Salzburg fahren oder einen Kuchen backen möchten – warum nicht?
Notieren Sie alles, was Ihnen einfällt, und dann reden Sie mit Ihrem Partner darüber. Sie werden überrascht sein, wovon Ihr Partner träumt, und vielleicht finden sich ja ein paar schöne Gemeinsamkeiten, die gar nicht so unrealistisch sind? Träume können wahr werden – aber dafür muss man zunächst einmal träumen!

Gönnen Sie sich den Spaß, mit Ihrem Partner Luftschlösser zu bauen, gemeinsam herumzuspinnen und Visionen zu entwickeln – und dann überlegen Sie doch einfach, was davon sich vielleicht wirklich umsetzen ließe. Hangeln Sie sich nicht länger nur von Urlaub zu Urlaub oder arbeiten die übliche Reihenfolge »Baum pflanzen, Haus bauen, Kind zeugen« ab: Werden Sie kreativ, und bereichern Sie Ihr Leben durch gemeinsame Visionen und Projekte, die Sie beide als Team fordern und wachsen lassen. Sie werden erstaunt sein, was für ein Gefühl von Zusammengehörigkeit entstehen kann. Wie viel innere Stärke es Ihnen gibt.

So gewappnet, sind Sie auch dem Thema unseres nächsten Kapitels gewachsen …

Gewitter

Auch wenn dies kein Buch über »Krisen in der Partnerschaft« ist, sondern eigentlich das genaue Gegenteil, ist es uns wichtig, auch über die dunklen Momente zu schreiben. Die Momente, in denen die Zeichen auf Sturm stehen. Ganz gleich, wie glücklich und verliebt ein Paar ist, es wird immer Situationen geben, in denen es Unstimmigkeiten, schlechte Gefühle oder Streit gibt. Die meisten Krisen in einer Partnerschaft entstehen allerdings dadurch, dass Paare schlecht mit Stress- und Streitsituationen umgehen. Das Ergebnis sind Schuldzuweisungen und Schuldgefühle und gegenseitiges Misstrauen.

Es ist ganz normal, dass Paare sich streiten: Auch wenn Sie verstanden haben, wie Angst, Eifersucht und Schuld in einer Partnerschaft wirken, wird es immer unendlich viele Möglichkeiten, Gründe und Gelegenheiten geben, sich zu streiten. Aber das muss gar nicht schlecht sein, wenn man es richtig angeht …

Tauchen Sie also mit uns ruhig ein in diesen dunklen Bereich des Ozeans zwischenmenschlicher Gefühle, damit Sie der Gefahr mutig und wissend begegnen können und klug handeln. Sie werden sehen, dann kommt es oft gar nicht erst so weit.

Wenn ich mir die Situationen noch einmal vor Augen führe, in denen ich mich mit Freundinnen gestritten habe, so spielten sie sich oft folgendermaßen ab:

Ausgehend von dem Wunsch, als toller, jederzeit fitter Mann zu gelten, zögerte ich zuzugeben, wenn ich mich abgeschlagen fühlte und deshalb nicht ausgehen wollte, während meine Partnerin unternehmungslustig war. Raffte ich mich dann doch auf, erlebte ich oft das Wunder, dass ich schon beim Betreten der Straße neuen Schwung verspürte. Plötzlich begann ich, mich auf den Abend zu freuen. Oder ich erlebte, zugegeben, das blaue Wunder: Ich kam den ganzen Abend lang nicht in die Gänge, meine Laune wurde beständig schlechter, und schließlich vermieste ich selbst meiner Partnerin die Laune. Die Folge: ein saftiger Streit.

Natürlich kamen wir in den seltensten Fällen der Ursache dieser Meinungsverschiedenheit auf die Spur. Im Gegenteil: Ich suchte mir eher irgendwas raus, was mir an meiner Partnerin nicht passte, oder ich lästerte über diese und jene ihrer Freunde ab, bis der Abend verdorben war. An den Haaren herbeigezogen war dann manches Thema, das ich auf den Tisch brachte, worauf sie prompt einstieg. Am Ende stritten wir uns, obwohl ich eigentlich nur hatte verheimlichen wollen, was mein wirkliches Problem war. Der Streit war der Ausweg: So schaffte ich es, damit durchzukommen, basta und aus.

Dankenswerterweise lässt sich meine Ehefrau nicht so schnell an der Nase herumführen. Einmal erkannte sie sogar mitten im Argumentieren, dass ich ganz offensichtlich Blödsinn erzählte, und fragte mich: »Moment mal – stopp! Was ist wirklich mit dir los?« Also erzählte ich ihr, dass ich schlichtweg todmüde war und fürchtete, als Schlappschwanz oder zu alt für diese Party dazustehen, wofür ich mich schämte. Das Aussprechen dieser simplen Wahrheit allerdings veränderte schlagartig alles, die gesamte Atmosphäre genauso wie unsere gegenseitige Wahrnehmung. Dunkel, kalt und grau wurde zu hell, warm und vertraut.

»Mensch Claudius, wir müssen doch nicht auf diese Party! Wenn du keine Lust dazu hast, kannst du mir das doch sagen.« Ich konnte kaum glauben, dass mein Mann gerade versucht hatte, einen Streit vom Zaun zu brechen, weil er vertuschen wollte, dass er sich mit dem Gedanken an eine Party bei Bekannten von mir nicht wohl fühlte. Ich schwankte zwischen Erschrecken und Lachen. Bis ich erkannte: Wenn ich ganz ehrlich zu mir war, musste ich zugeben, dass ich das oft genug auch so machte. Wenn mir etwas nicht passte, es mir aber albern erschien, das zu sagen, oder wenn ich wusste, dass es ihm gegenüber vielleicht sogar unfair wäre, erfand ich etwas, das plausibler erschien und dieselbe Wirkung hatte – nur damit ich nicht so schlecht wegkam. Was für ein Schwachsinn!

Und gleich darauf wurde mir klar, dass es das war, was wir häufig bei anderen Paaren beobachten konnten: Irgendetwas stimmte nicht, und wir konnten als Außenstehende regelrecht zusehen, wie Kleinigkeiten aufgeblasen wurden. Es war wie bei einem Theaterstück: Zwei Menschen stritten sich über irgendeinen lächerlichen Unsinn, weil sie zu blind oder zu feige waren, anzusprechen, worum es tatsächlich ging. Auszusprechen, dass man unzufrieden war, unglücklich, sich ungerecht behandelt fühlte, sich schämte oder sich für etwas rächen wollte, was man dem anderen nachtrug ...

Offenbar ist das eine höchst menschliche Angewohnheit. Die meisten von uns sind nicht gut darin, zuzugeben, wenn sie sich schwach, unzufrieden oder unglücklich fühlen. Einerseits möchten wir gerade dem Partner gegenüber immer unser vermeintlich bestes Gesicht zeigen – solange es irgend geht –, aber andererseits ist er der Mensch, dem wir am wenigsten einen »Triumph« gönnen, wenn wir uns fetzen.

Zwei Menschen, die sich lieben, werden in einem Streit häufig zu Gegnern: Sie fühlen sich verletzt, schlecht behandelt, übergangen, benutzt oder betrogen vom Partner, und das macht ihn automatisch zum Gegner. So geht es dann in einem Streit meistens darum, dem vermeintlichen Gegner klarzumachen, wie furchtbar falsch er liegt. Am Ende soll sich der Partner nämlich mindestens so schlecht fühlen, wie man sich selbst gerade fühlt (weil der Partner etwas falsch gemacht hat. Oder man selbst. Oder weil man sich mit dem Partner streitet …).

Haben Sie den Liebeskiller erkannt, der das Unglück verursacht? Es ist natürlich: die Schuld. Wenn wir unseren Partner im Streit als Gegner sehen, schaffen wir fast automatisch eine Situation, in der Schuldzuweisungen und Enttäuschungen dominieren und die Liebe zu zerstören drohen.

Wie kann es sein, dass wir einem Menschen, den wir doch angeblich so sehr lieben, dem wir vertrauen und mit dem wir unser Leben teilen, in einer solchen Situation zu unserem Gegner machen und dafür sorgen, dass er sich schuldig fühlt?

Dies hat mit einem ganz weit verbreiteten Missverständnis zu tun: dass es beim Streiten um das Gewinnen oder Verlieren ginge. Ganz abgesehen von der menschlichen Eigenart, recht haben zu wollen – sich bestätigt wissen wollen.

Je mehr wir über dieses Phänomen dazulernen, desto genauer können wir die Gründe erkennen, die dahinterstecken, und wir beginnen zu verstehen, warum wir Menschen so oft recht haben möchten: Wir wollen immer wieder bestätigt bekommen, das wir »gut« sind, dass wir uns auf dem richtigen Weg befinden und dass sinnvoll ist, woran wir glauben und was wir in unserem Leben tun.

Der Punkt ist: Wenn wir uns wirklich sicher fühlten, könnten wir in solchen Situationen viel entspannter sein. Wir würden uns nicht so schnell angegriffen fühlen. Wir könnten uns entspannen und zunächst zuhören, was der andere zu sagen hat und warum er glaubt, was er glaubt. Dabei hängt es davon ab, wie wir geprägt sind. Für jeden hat es unterschiedlich viel Bedeutung, »recht zu haben« und »nicht verlieren zu wollen«. Als könnte es nach einem Streit einen Gewinner geben.

Bei einem Beziehungsstreit gewinnt nicht der, der recht hat, und auch nicht der, der seinen Willen durchsetzt. Es gewinnt aber auch nicht der, der nachgibt ...

Im Gegensatz zu allen anderen Streitigkeiten, die wir kennen, darf es auf lange Sicht beim Streit in der Beziehung immer nur zwei Gewinner geben.

Der Streit sollte helfen, sich gegenseitig besser zu verstehen und Missverständnisse aufzuklären.

Ist ein Partner unzufrieden und greift den anderen an, dann löst ein Gegenangriff das Problem nicht, auch wenn die Argumente noch so gut sind. Natürlich ist es mit guten Argumenten möglich, den Partner im Streit zu besiegen – doch was nützt das? Man gewinnt vielleicht die eine »Schlacht«, aber langfristig befindet man sich im Krieg mit dem Partner. Wer möchte in seiner Beziehung schon Krieg führen gegen den Menschen, den er liebt?
Dazu kommt, dass der Verlierer sich zwangsläufig schlecht fühlt. Und Menschen, die sich schlecht fühlen, tendieren im Allgemeinen zu einer bestimmten Reaktion dem gegenüber, der dieses schlechte Gefühl (vermeintlich) ausgelöst hat. (Vermeintlich deshalb, weil viele partnerschaftliche Streitigkeiten sehr komplex sind und nicht

immer direkt sichtbar wird, wer hier eigentlich wen in Schwierigkeiten bringt.) Die Folge: Ein neues Bedürfnis entsteht in dem Verlierer, nämlich das Bedürfnis nach Rache! Ausgelöst werden können Rachegefühle also durch Schuldgefühle, aber auch durch Ängste, zum Beispiel die Angst, vom Partner nicht oder nicht mehr geliebt zu werden.

Diese Rache kann dann je nach Situation und Typ der ehemaligen Liebenden unterschiedliche Züge annehmen. Die Angewohnheit vieler Menschen, einen Schuldigen zu suchen und diesen dann zu bestrafen, ist ebenso eine Form der Rache: Der eine Partner verhält sich lieblos – also wird er dafür bestraft:

Eine häufige Form der Rache ist die Vermeidung des Partners – also das »Sich-Zurückziehen« vom Partner. Dies kann nach einer Streitigkeit möglicherweise sogar sinnvoll sein, um zunächst wieder etwas ruhiger zu werden. Manche Paare allerdings ziehen sich aus Rache auch emotional zurück: Sie teilen ihre Gefühle und Gedanken nicht mehr mit, beginnen mit einer Art »innerer Aufkündigung« der Partnerschaft. Eine ähnliche Form, Rache auszuleben, ist Schweigen, wenn man aus Rache nicht mehr mit dem Partner spricht. Das haben viele Menschen schon ausprobiert – zugegebenermaßen auch wir. In eine ähnliche Kerbe schlägt der Liebes- oder Sex-Entzug.

Allen drei Formen der Rache ist gemein, dass der Rachesüchtige sich ganz direkt auch selbst bestraft, denn je mehr er sich von seinem Partner zurückzieht, umso weniger hat er von der Partnerschaft, er selbst fühlt die eigene Liebe nicht mehr und gibt dem Partner keine Möglichkeit, sich liebevoll zu verhalten, weil er sich verschließt. Dies sind die passiven Formen der Rache.

Die aktiven Formen sind zum Beispiel aggressives Verhalten oder die Herabsetzung des Partners, wie z. B. den Partner herabzuwürdigen und ihm absichtlich ein schlechtes Gefühl zu geben oder ihn zu beleidigen. Das ist eine besonders schlechte Idee, denn hat man sich selbst erst einmal davon überzeugt, dass der Partner ein Vollidiot oder die eigene Partnerin eine dumme Kuh ist, stellt sich automatisch die Frage: Wer ist man selbst, dass man mit einem Vollidioten oder einer dummen Kuh zusammenlebt? Und wer will das schon?

Noch schlimmer wird es, wenn man sich für diese Art der Rache auch noch Zeugen sucht und den Partner vor anderen lächerlich macht. Auch hier hat man einen sehr starken Bumerang-Effekt. Denn jetzt könnten auch andere

Menschen denken, dass Sie mit einem Vollidioten oder einer dummen Kuh zusammen sind und dass Sie auch noch so unfair sind, den eigenen Partner vor anderen herabzuwürdigen. Was wirft das für ein Licht auf Sie?

Etwas subtiler – aber ebenfalls genauso beliebt und noch viel zerstörerischer – ist das Finden einer anderen Sache, die der Partner falsch gemacht hat, um ihn dann im Gegenzug für die Niederlage im ersten Streit dafür zu bestrafen, zum Beispiel indem Sie sich darüber mit ihm zu streiten beginnen, weil Sie hier vermeintlich bessere Karten haben und diesen Streit »gewinnen« können. Diese Form der quasi gewohnheitsmäßigen Rache ist daran erkennbar, dass ein Paar sich permanent über Kleinigkeiten richtig ordentlich »in die Haare bekommt«: Meist ist dem eine größere Sache vorangegangen, in der einer sich als Verlierer fühlte, und nun wird beständig Kleinkrieg an verschiedenen Fronten geführt. Das ist deshalb besonders schlimm, weil man sich in der gemeinsamen Zeit fast nur noch schlecht fühlt und beständig auf der Suche nach weiteren »Schuldverhältnissen« und Beschuldigungen ist.

Fakt ist: Keine dieser Racheaktionen ist sinnvoll, denn keine animiert den Partner dazu, sich liebevoller und wertschätzender zu verhalten.

In vielen Partnerschaften in unserem Umfeld können wir sehen, wie Rache die Liebe zwischen zwei Menschen komplett auffressen kann, weil der Rachlustige seinem Partner in der Regel ja nicht sagt, warum er sich rächt und wofür. Dies wiederum gibt dem Partner, der unter dem Rachefeldzug leidet, das Gefühl, vom Partner nicht mehr geliebt und geschätzt zu werden – und der Rachekreislauf beginnt.

Die meisten von uns haben verschiedene dieser Verhaltensformen von ihren Eltern »gelernt«. Wir wissen daher

auch alle durchaus, wohin das auf lange Sicht führt. Auch wir haben natürlich alle diese Möglichkeiten schon ausprobiert. Wir können Ihnen daher versichern, dass alle Racheformen von uns persönlich getestet wurden: Keine führt zu einem wünschenswerten Ergebnis.

 In einem Streit sollte es immer nur darum gehen, das Missverständnis aufzuklären, welches ursächlich zum Streit geführt hat. Zuhören statt verteidigen lautet hier die Devise!

Wie man Lösungen findet

Schon seit einigen Tagen merkte ich, dass irgendetwas nicht in Ordnung ist: Wir hatten einige Projekte anstehen, aber Claudius wirkte unzufrieden, als wäre ihm gerade alles zu viel. Ich wiederum fühlte mich ein wenig überfordert: Neben meinen eigenen Projekten hatte ich einige Termine im Haus zu organisieren. Claudius wollte bei einigen Dingen meine Hilfe, und zudem hatte ich das Gefühl, dass er mich permanent mit Belanglosigkeiten beim Schreiben störte. Mit anderen Worten: Ich war genervt und merkte, dass er es ebenfalls war.

Ich dachte seit Tagen an den Monatsersten: Einige Projekte, die bei mir für den Sommer geplant waren, verschoben sich in den Herbst, so dass auch die von mir erwarteten Zahlungen entsprechend später eingehen würden. Das machte mich ein wenig nervös, da mein Geschäftskonto ins Ungleichgewicht geraten konnte. Statt Nina direkt um Rat zu fragen, trug ich die Gedanken mit mir herum, und im Nachhinein kommt es mir so vor, als hätte ich Nina nur deshalb so häufig angesprochen, um mich über belanglose Themen langsam zum Kern der Sache vorzutasten. Unnötiger Blödsinn, und natürlich erwischte ich nie den richtigen Moment. Ich fühlte mich nicht wohl, und Nina war ebenso unausgeglichen.
Es war ein schöner Spätsommertag, und unser Hund verlangte nach seinem Spaziergang. Ich fragte Nina, ob sie nicht mitkommen wolle, und spontan sagte sie ja. Wir wanderten, bis uns der Weg an ein freies Feld führte.

Wir hielten an und setzten uns ins Gras, um den Ausblick in die Weite zu genießen.
»Kann ich dir sagen, wie es mir gerade geht?«, fragte ich Claudius und beschrieb ihm so gut ich konnte, wie genervt ich war und wovon. Dabei bemühte ich mich, ihm nicht die Schuld dafür zu geben.
Claudius tat etwas ganz Wunderbares: Er insistierte nicht, er verteidigte sich nicht – er hörte mir einfach nur zu.

Nina traf den Nagel auf den Kopf, und ich war froh, ihr schildern zu können, dass mich meine »Ersatzgespräche« genauso anstrengten wie sie. Es tat mir gut, ihr ohne Umschweife zuhören zu können, denn es gab nichts, was ich anders sah als sie, und ich verstand gut, wie sie sich fühlte.

Auch mir tat es gut, dass Claudius nur zuhörte und mir damit das Gefühl gab, mich verstehen zu wollen. Nachdem ich ihm sagen konnte, was mir gerade gar nicht gefiel, erzählte er mir, was er bereits seit Tagen mit sich herumtrug. Er erzählte mir von seinen Sorgen und davon, dass er nicht so recht gewusst hatte, wie er mit mir darüber reden sollte. Er hatte schlecht geschlafen deswegen. Auch deshalb war er so unausgeglichen und reizbar gewesen. Natürlich war das dämlich, aber es war auch unsensibel von mir, nicht zu bemerken, dass er offensichtlich etwas auf dem Herzen hatte. Wir nutzten die Gelegenheit und überlegten gemeinsam, was wir tun konnten. Und zum Glück fanden wir eine Lösung. Danach war Claudius wie verwandelt – und auch ich konnte mich zusehends entspannen, froh darüber, dass wir uns nicht gestritten hatten.

Es war großartig zu sehen, dass wir in kürzester Zeit eine Lösung finden konnten. Während die Sonne das Feld in ein goldenes Spätsommerlicht tauchte, ging auch in mir die Sonne wieder auf, das Herz wurde federleicht, und beim anschließenden Seminar waren wir wieder ein spitzenmäßiges Team – wir scherzten und lachten miteinander und hatten Spaß.

Viele Menschen glauben, sie müssten ihre Sorgen vor dem Partner geheim halten – vor allem natürlich solche, die sie in einem nicht so guten Licht dastehen lassen. Doch wer die eigenen Probleme »alleine auf die Reihe zu kriegen« hofft, während der Partner sich fragt, was eigentlich los ist, der bringt den Partner um ein gutes Gefühl: Wir alle genießen es, dem Partner von Zeit zu Zeit helfen zu können. Verständlicherweise möchte man den Partner nicht mit den eigenen Problemen belästigen, aber man belästigt ihn dafür mit schlechter Laune, geistiger Abwesenheit und Unausgeglichenheit. Und lässt den Partner außen vor. Versuchen Sie lieber nicht, vor dem Partner immer Ihr Gesicht zu wahren, denn oft genug täuschen Sie damit Ihren Partner und geben ihm keine Chance, Ihnen seine Liebe zu zeigen. Vergessen Sie Ihren Stolz – seien Sie ehrlich.

In einer Streitsituation den Rat im Freundeskreis oder innerhalb der Familie zu suchen, erscheint vielen zunächst einmal als eine gute Idee, und auch wir haben das eine Zeitlang ausprobiert. Allerdings haben wir bemerkt, dass jeder Freund, den wir um Rat fragten, eine andere Empfehlung hatte. Und meist waren diese von den Erfahrungen mit wiederum dem eigenen Partner geprägt. Natürlich gingen sie aus von deren Stärken und Schwächen, Prägungen und Glaubenssätzen. Solch ein Rat kann auf die eigenen Probleme passen, doch häufig lenkt er uns gedanklich in eine Richtung, die mehr mit dem Freund als mit unserer eigenen Beziehung zu tun hat. Und wir zeigen indirekt dem Partner, dass der Freund/ das Familienmitglied unser Vertrauten mehr verdient als er. Wollen wir das? Es gibt Gründe, die dafür sprechen … Jeder Mensch hat nun mal zuerst mit sich selber zu tun, und für niemanden ist man so wichtig wie für sich selbst. Wenn wir also nach einem Streit mit dem Partner aufgeregt einen Freund anrufen oder besuchen, reißen wir diesen zunächst einmal aus seinem eigenen Alltag, erhoffen uns aber gleichzeitig Expertenrat.

Sie sind mit Ihrem Partner den ganzen Tag, ja Ihr ganzes Leben zusammen – Freunde erfahren lediglich einen kleinen Ausschnitt dessen, was bei Ihnen los ist, und können auch deshalb nicht die kompetentesten Ratgeber sein. Wir tischen immer nur unsere Seite der Geschichte auf – nicht das, was der Freund selbst hören oder beobachten würde, wäre er dabei gewesen. Doch gerade durch diese verzerrte Wahrnehmung des vermeintlich gekränkten Partners entstehen ja die meisten Streitigkeiten überhaupt erst.

Ein wirklich guter Freund sagt erst einmal nichts außer: »Jetzt setz dich bitte hin, atme durch und beruhige dich.« Da viele Freunde aber am liebsten schon immer mal ihren Senf dazugeben wollten, halten sich die wenigsten so erfahren zurück.

Wir sagen nicht, dass es nicht ab und an mal eine gute Idee sein kann, um den Kopf freizubekommen und klar denken zu können, einen Freund zu besuchen und sich auszusprechen, aber es sollte nicht zur Regel werden. Die Verantwortung für Ihr Leben und Ihren Teil der Partnerschaft tragen Sie und Ihr Partner für sich und für Sie beide gemeinsam. Und zwar allein.

Kein Freund, kein Elternteil, keine Geschwister können auch nur ansatzweise nachvollziehen, welche Mechanismen bei Ihnen zu Streitigkeiten führen. In unserem Fall wäre sicher kein Außenstehender auf die Wurzel des eigentlichen Problems gekommen. Genau das ist Ihre Aufgabe als Paar: herauszufinden, warum man an dieser oder jener Stelle so empfindlich ist und wie man es verändern kann.

Zu viel Rat im Außen zu suchen entzieht Ihrer Partnerschaft den Nährboden und schwächt Ihre Beziehung.

Denn bei einer Partnerschaft geht es ja gerade darum, dass man lernt, miteinander umzugehen und zu unterscheiden zwischen dem »jetzt« und dem »früher«.

In vielen Streitsituationen geht es nicht um das, was uns bewusst ist, sondern um unsere unbewussten, verdrängten Wunden. Es geht um Verletzungen, die meist weit vor der Partnerschaft entstanden sind, und unser Partner drückt – meist sogar völlig unwissend und arglos – die falschen Knöpfe. Bringt einen zum Platzen. In solchen Momenten versteht man sich häufig nicht einmal selber. Ihr Partner erscheint Ihnen wie ein Rätsel, gleichzeitig erhoffen Sie sich Antworten, von Freunden, die Sie und Ihren Partner vielleicht alle paar Wochen einmal zu Gesicht bekommen.

Freunde oder Familienmitglieder sind nicht dabei, wenn Sie Ihre schönsten Momente, Ihren besten Sex, den wundervollsten Urlaub, den lustigsten Spaziergang, das beste gemeinsam zubereitete Essen erleben. Und nach einem Streit bekommen sie wiederum nur mit, dass bei Ihnen der Haussegen schiefhängt. Was könnte ihnen im Gespräch also Expertenstatus verleihen?

Wir haben beide sowohl von der einen als auch anderen Seite erlebt, dass Freundschaften zerbrachen, bei denen Paare andere intensiv um Rat gefragt hatten. Und auch wie Partnerschaften zerbrachen, weil zwei beständig von außen beraten wurden und eigentlich nie selber lernten, wie sie sich streiten und lieben können.

Wenn Sie ganz ehrlich zu sich sind, werden Sie merken, dass Sie sich häufig einfach nur aus der Verantwortung stehlen möchten, sich nicht die Mühe machen wollen oder können, die Wogen nach einem Streit selbst zu glätten und sich bei Ihrem Partner zu entschuldigen. Denn dafür müssten Sie Ihren Anteil an der Situation erkennen. Sich die eigene Verantwortung eingestehen. Sie suchen nach »Verbündeten« außerhalb Ihrer Beziehung – obwohl Ihr Partner doch Ihr Verbündeter Nummer eins sein sollte. Weil Sie sich in der Streitsituation von ihm verraten fühlen, suchen Sie woanders Verständnis: Ihre Mutter oder Ihr Vater, ein Freund oder eine Freundin zeigen es für Sie und werden in der Streitsituation zu Ihrem neuen Verbündeten. Das ist auf Dauer genau die falsche Richtung, denn damit verbünden Sie sich gemeinsam mit dem Ratgeber – gegen Ihren Partner. Und Ihr »neuer Verbündeter« wird (aus seiner Sicht zu Recht) versuchen, weitere Argumente zu finden, warum Sie beide »richtig« liegen und Ihr Partner »falsch«.

Die große Gefahr dabei ist, dass Sie bei einem neuen Streit von der gemeinsam mit dem außenstehenden Berater erarbeiteten Position ausgehen, und Ihr Partner ist von vornherein der Gegner, der besiegt oder zumindest überzeugt werden muss … Und ehe Sie es sich versehen, vertreten Sie nicht mehr eigene Interessen und nicht mehr die Interessen Ihrer glücklichen Partnerschaft oder gar die Ihres Partners, sondern die Interessen des Ratgebers, des »neuen Verbündeten«. Doch dieser Mensch ist nicht Ihr Partner, er ist nicht derjenige, mit dem Sie zusammenleben, nicht der Mensch mit dem Sie eine Liebesbeziehung eingegangen sind! Vermeiden Sie diese Falle und lernen Sie, Streitigkeiten mit Ihrem Partner zu lösen – und nicht mit jemand anderem.

Nutzen Sie den magischen Moment, auch noch im Höhepunkt eines Streits, in dem alles verloren scheint und es sich so anfühlt, als wäre dies das Ende, als wäre Ihre Liebe gescheitert: Tun Sie zunächst einfach – nichts. Atmen Sie durch. Rufen Sie nicht bei Freunden an. Fragen Sie sich einfach: Was ist der wahre, echte Grund? Worum geht es eigentlich bei diesem Streit? Warum verletzen wir uns? Was wollen wir wirklich?

Sprechen Sie mit dem, der Ihnen am nächsten und am liebsten ist: Sprechen Sie mit Ihrem Partner. Bei ihm finden Sie die Antworten auf die Fragen, die Sie bewegen.

Wer dem Partner in so einem Moment die Tür vor der Nase zuschlägt oder selbst wütend aus dem Haus stürmt oder sich in seinem Zimmer verbarrikadiert, beraubt sich und den Partner dieser Chance, die Partnerschaft durch neue Erfahrungen zu bereichern und zu vertiefen. Auch wer gleich den nächstbesten Freund anruft, um ihm aufgelöst zu erzählen, was passiert ist, schöpft nicht aus der Fülle der Partnerschaft.

Wir haben oft – auch im Coaching – erlebt, wie gut es in so einem Augenblick tut, einfach an die frische Luft zu gehen. Der Sauerstoff draußen erfrischt den Kopf und lässt neue Gedanken zu. Nicht umsonst spricht man davon, dass der Wind auch die Gedanken durchpusten kann. Wer aber erst einmal ein bis zwei Tage zu einem Freund oder einer Freundin zieht, in der Hoffnung, dass sich alles »wie von selbst« beruhigt, der macht es sich unnötig kompliziert. Ein Vertragen bedeutet immer auch eine Erneuerung und Stärkung des gegenseitigen Vertrauens.

Wir haben durch unsere Arbeit als Coachs interessante Möglichkeiten kennengelernt, wie man mit einem Streit in der Partnerschaft umgehen kann. Denn diese Situationen lassen sich trainieren. Vor allem, wenn diese Streits, wie eigentlich fast immer, darin begründet sind, dass wir uns – warum auch immer – wünschen, die Realität bzw. eine Situation oder unser Partner wäre anders, als sie tatsächlich sind.

Eine dieser Techniken ist »The Work« von Byron Katie. Das hört sich nach Arbeit an, ist aber sehr wirkungsvoll, und: Es ist wirklich einfach. Es lohnt sich, diesen Prozess einige Male zu durchlaufen und diese »Arbeit« zu praktizieren. Sie ist nicht besonders kompliziert – sie erfordert nur absolute Ehrlichkeit, denn es geht darum, seine Überzeugungen zu untersuchen.

Wenn Sie mehr dazu wissen wollen: Auf der Internetseite http://www.thework.com/deutsch kann man eine Anleitung und ein Arbeitsblatt herunterladen.

Für uns ist es wichtig, dass sich derjenige, der den Streit auslöst, bewusst macht, was ihn wütend gemacht hat. Was ihn verletzt hat. Und dies ganz ehrlich und ungeschminkt. Anschließend fordert die Arbeitstechnik dazu auf, sich bewusst zu machen, ob man sich über tatsächliche Dinge ärgert. Vor jedem Streit sollten wir uns nämlich klarwerden, ob wir uns über etwas in der Wirklichkeit Vorhandenes ärgern – oder über einen Eindruck oder einen Gedanken, den wir haben. Am Ende stellt sich die Frage, warum wir diesen Gedanken vielleicht sogar brauchen …

Nicht nur notorischen Rechthabern hilft der Wechsel der Perspektive auf das Geschehen bestimmt, denn wir können uns auf diese Weise leicht selbst Rechtfertigung darüber ablegen, ob wir uns nicht gerade in etwas verrennen.

Anschließend sollten wir uns auf die sogenannte Umkehrung einlassen, also auf die Möglichkeit, das Gegenteil von dem zu erfahren, was man für wahr hält. Wie so eine Umkehrung konkret aussehen kann?

Zum Beispiel wird dadurch aus »Paul sollte mich verstehen«:

1. Ich sollte mich verstehen.
2. Ich sollte Paul verstehen.
3. Paul sollte mich nicht verstehen.

Das heißt nicht, dass jede dieser Behauptungen ebenso wahr wäre – aber es könnte ja immerhin sein, dass etwas dran ist. Ist es nicht erleichternd, dass es so viele Möglichkeiten gibt, eine Situation zu »sehen«? Bei einem Streit geht es ja, wie wir bereits beschrieben haben, fast nie um die reale Situation, sondern um vergangene, schmerzhafte Erfahrungen, die unser Partner für uns erlebbar macht (wieder-holt), damit wir diese Verletzung teilen und vielleicht sogar heilen können. Die momentane Wut in einem Streit macht uns häufig blind für diese Chance. Wenn wir uns aber darauf einlassen, den auslösenden Ärger und die Wut vor einem Streit in dieser Weise zu hinterfragen, eröffnen wir uns neue Perspektiven – auch für die Beziehung.

Wie oft sich bei uns Wut und Enttäuschung in Gelächter verwandelt haben! Und das nur, weil wir uns die Mühe gemacht haben, unsere wütenden Gedanken zu überprüfen. Wir haben dadurch gemerkt, wie absurd »das alles« ist, und wir haben schnell neue Wege gefunden, wieder friedlich miteinander reden zu können, anstatt uns alberne Beschuldigungen an den Kopf zu werfen.

Schon oft haben wir in unseren Seminaren mit dieser Technik gearbeitet, und manches Mal war es geradezu verblüffend, wie diese »Überprüfung« bei unseren Teilnehmern zu einer Veränderung geführt hat: In einem Fall hatte sogar einmal ein Teilnehmer seine Gedanken aufgeschrieben und steif und fest behauptet, in seiner Situation würde diese Methode nicht greifen, denn seine (baldige Ex-)Frau sei wirklich ganz furchtbar, sie sei permanent unfreundlich zu ihm, würde ihn nicht gut behandeln, ihn immer benachteiligen, und überhaupt würde sie ihn – nicht nur erst seit der Trennung, sondern generell – schlecht behandeln.

Wir machten also die Überprüfung mit ihm zusammen, und es stellte sich etwas ganz Erstaunliches heraus: Tatsächlich war die (baldige Ex-)Frau nicht sehr nett zu ihm – aber noch viel mehr galt das für sein Verhalten sich selbst gegenüber: Er musste zugeben, dass er eigentlich sein ganzes Leben lang schon nicht sehr gut mit sich selbst umging. Er hatte sehr hohe Ansprüche an sich selbst, und wenn er diesen nicht gerecht werden konnte, machte er sich fertig, beschimpfte sich selbst, verachtete sich. Er gönnte sich fast nie etwas, war sich nie gut genug und behandelte sich im Grunde selbst noch viel schlechter, als seine Partnerin es tat. Genau das war eigentlich auch der Grund, warum er es von seiner Partnerin brauchte, gut behandelt zu werden: Sie sollte ihm etwas geben, was er selbst sich nicht geben »konnte«. Doch sie war in Wahrheit nur sein Spiegel: Sie behandelte ihn so, wie er es ihr »gezeigt« hatte. Diese Erkenntnis war für ihn zunächst ein richtiger Schock. Doch es war die wichtigste Erkenntnis seines Lebens: Wieso sollte ein anderer Mensch einen besser behandeln, als man sich selbst behandelt? Er war abhängig geworden vom Urteil der Partnerin, weil er selbst so wenig von sich hielt, und genau deshalb traf es ihn auch so hart. Die Überprüfung und Umkehrung seiner Gedanken hatte ihm gezeigt, wo die Wurzel seines Problems zu finden war.

Manchmal muss man gar nicht so weit gehen: Das Aufschreiben der Gedanken allein zeigt manchmal schon, wie unsinnig diese sind. Sieht man das, was im Kopf als Gedanke »völlig logisch« erscheint, plötzlich schwarz auf weiß vor sich, ist man sich oftmals schon gar nicht mehr so sicher, ob das wirklich so schlüssig und absolut ist, wie man eben noch dachte.

Grundsätzlich lohnt sich immer die Überlegung, ob wir nur glücklich sein und in Frieden leben können, wenn alle anderen (allen voran der eigene Partner) genau so ist, wie man selbst es gerne hätte. Ob alle und alles immer so sein müssen, wie es einem selbst gerade in den Kram passt, oder ob wir das in Wahrheit nur brauchen, weil wir selbst eben auch nicht perfekt sind.

Verstehen ist besser als streiten

Alle Glaubenssätze, die wir in uns tragen, können wir in Frage stellen, und wahrscheinlich unterscheiden sie sich oft von denen unseres Partners mehr, als wir in der ersten Verliebtheit erkennen konnten. Sich darüber auszutauschen und herauszufinden, wie die eigene Einstellung sich verwandelt in geteilte Glaubenssätze für ein gemeinsames Leben oder sogar eine eigene Familie, gehört zu den aufregenden und spannenden Aufgaben jeder Liebe. Kindererziehung, Religion, Ethik, Politik, Soziales, Umgang mit diesem Planeten, Tiere, Natur, Ernährung, Gesundheit, Kunst, Kultur, Musik: Wir erleben täglich, wie gut es tut, wenn eigene Ansichten nicht in Stein gemeißelte Wahrheiten darstellen. Denn dann bewahren wir uns das Staunen darüber, wie gut es sich anfühlt, wenn man Ansichten, Weisheiten und Erkenntnisse des Partners in das eigene Gedankengebäude und Weltbild integriert.

Wer streitet, möchte verstanden werden, und es dauert keine Sekunde, um zu verstehen, dass es jedem einzelnen Menschen auf diesem Planeten genauso geht. Wären wir in einem anderen Teil der Erde geboren, hätten wir wahrscheinlich andere Glaubensansichten, andere Riten erlernt, andere Vorlieben, andere Prioritäten und Bedürfnisse. Jeder Mensch hat seine eigenen Gedanken, hat seinen eigenen Erfahrungen und Meinungen, und ein jeder von uns ist sein eigener Mittelpunkt der Welt. Im Grunde könnte man das Streiten gleich lassen, denn wer recht behalten will, drückt damit gleichzeitig aus, dass er sein Gegenüber und dessen Ansichten und Meinungen nicht akzeptieren möchte bzw. dass er der Meinung ist, sein Gegenüber sei dümmer als er selbst.

Wir können lernen, Streit zu vermeiden, der die Beziehung zerstören kann, wenn wir akzeptieren, dass es keinen anderen Menschen auf dieser Welt gibt, der uns gleicht.

Niemand ist ein Abbild unseres Selbst. Niemand denkt wie wir. Auch wenn uns der Partner in vielen Aspekten sehr nah scheint: Er ist nicht unser Spiegelbild – denn sonst wäre die Partnerschaft wenig bereichernd.
Wenn wir das verinnerlichen, können wir uns besser entspannen, denn es eröffnen sich Erfahrungen und tiefgründige Momente, die unbeschreiblich schön, ergreifend und wohltuend sein können. Wir dringen zum Kern unserer eigenen Beweggründe und der unseres Partners vor, wir beginnen zu lernen, wer wir wirklich sind – und wer der Mensch ist, den wir lieben.

Wer sich in dieser Weise hinterfragen lernt, erkennt die eigene Vielfalt an. Der lernt, ambivalente Gefühle auszuhalten, ja sie sogar zu genießen.

Was mit den ambivalenten Gefühlen gemeint ist? Das ist die spannende Erkenntnis, wenn man sich selbst vorbehaltlos betrachtet: Jeder von uns hat vielfältige, sich oft widersprechende Bedürfnisse. Das ist ganz normal. Es ist deshalb auch normal, dass unser Partner ambivalente Gefühle hat und wir uns auch zueinander mal ambivalent fühlen und verhalten können. Das ist kein Drama, und wenn man es mit einem Schmunzeln zur Kenntnis nehmen kann, löst es sich sogar ziemlich bald einfach auf.

Ja, das ist wirklich möglich. Wir können uns selbst aushalten, wie wir sind, so wunderbar, schön, unausgeglichen, perfekt und unausgegoren, so laut und leise, so klein und groß, so offen und so verschlossen. Wenn wir all diese Widersprüche lieben lernen, dann lernen wir, uns selbst so zu lieben, wie wir geschaffen sind. Und bestimmt haben wir dann auch mehr und mehr Verständnis für alle Facetten und Angewohnheiten unseres Partners. Wir lieben dann nicht nur den Ausschnitt, den wir in den zwei Sekunden, als wir uns in ihn verliebten, sahen und von dem wir dachten, er stünde stellvertretend für die volle Wahrheit.

 Wäre ich bei dem ersten Bild geblieben, das ich mir von Nina gemacht und in das ich mich verliebt habe, dann hätte unsere Beziehung sehr kurz ausfallen können. Hiermit sei eines der Geheimnisse verraten, wie wir dauerhaft glücklich in unserer Partnerschaft leben können:

> **Je flexibler und entwicklungsfähiger beide Partner sind, desto größere Chancen haben sie, mit- und aneinander zu wachsen. Dann hat auch die Verliebtheit eine Chance, sich täglich neu zu generieren.**

In der Natur ist es überall so: Alles, was stehen bleibt, einfriert und erstarrt, das stirbt. So auch die Liebe. Seit ich versuche, mich täglich besser kennenzulernen, und mir erlaube, Nina in all ihren Facetten wahrzunehmen und zu begreifen, liebe ich genau das an ihr, ihren Facettenreichtum.

 Natürlich ist Claudius nicht der, für den ich ihn hielt, als wir uns kennenlernten – wie sollte er auch? Doch er ist der Mensch, der etwas in mir ausgelöst hat, das eine starke Anziehung auslöste. Eine so starke Anziehung, dass ich mein weiteres Leben mit ihm verbringen wollte, gleich bei unserer ersten Begegnung. Er schafft es bis heute, mich immer wieder tief zu berühren – und zwar sowohl auf angenehme Weise als auch auf kaum erträgliche.

Unsere Aufgabe ist es, uns immer wieder bewusst zu machen, dass wir nicht das Opfer des jeweils anderen sind. Wir sind einfach der bestmögliche Partner für den anderen, weil wir einander so wunderbar zum Lachen und Weinen bis hin zur Raserei bringen können. Nie vorher habe ich so viel über mich selbst gelernt und so viel über die Möglichkeiten der Partnerschaft – und über die Liebe an sich.

Lernen Sie, bei einem Streit wirklich zu hören, was Ihr Partner sagt, anstatt sich angegriffen zu fühlen und in Verteidigungshaltung zu gehen. Meistens meint Ihr Partner gar nicht das, was Sie hören!

Folgende Fragen können Ihnen helfen herauszufinden, worum es wirklich geht

Wie meinst du das?

Was bedeutet das?

Was willst du mir damit sagen?

Bist du sicher …?

Wie oft glauben wir zu wissen, worum es geht, und gehen gleich zum Gegenangriff über. Doch möglicherweise stimmt das gar nicht. Und selbst wenn: Meist greift der Partner uns nur an, weil er sich unverstanden, unterdrückt, ungeliebt oder zutiefst verunsichert fühlt. Mit anderen Worten: wenn es sich um ein Missverständnis handelt.

Die Hauptarbeit besteht also im Grunde darin, sich nicht gleich angegriffen zu fühlen, sobald der Partner offenbar »Streit sucht«. Je weniger wir auf den Angriff eingehen oder ihn persönlich nehmen, umso schneller ist der Streit beendet – und unsere Partnerschaft um eine wichtige Erfahrung reicher.

Eine weitere Methode ist das sogenannte »aktive Zuhören«: Ganz gleich, in welchem Tonfall Ihr Partner seine »Argumente« vorbringt, üben Sie sich darin, nur zu hören, was er tatsächlich sagt, und wiederholen Sie das für ihn – so gefasst wie möglich.

Wenn Ihr Partner beispielsweise sagt »Du vernachlässigst mich total, immer machst du …«, dann lassen Sie sich die Worte durch den Kopf gehen und wiederholen Sie: »Verstehe ich dich richtig: Du fühlst dich von mir vernachlässigt, weil …«

Es ist erstaunlich, wie oft ein Partner sich allein dadurch verstanden fühlte, dass er plötzlich die eigenen Worte aus dem Mund des anderen hörte. Zu wissen, was verstanden wurde, zeigt, wie viel Verständnis wir füreinander aufbringen. Das stärkt jede Partnerschaft.

Doch ein Streit kann sich auch um unkonkrete Dinge drehen, um ein »Gefühl«. Was dann? Wie oft wissen wir nicht, welche Gefühle wir im anderen auslösen mit unseren Worten. Wann sich ein anderer verletzt fühlt, das ist so unterschiedlich – wie die Menschen an sich. Wenn Sie also das Gefühl haben, Ihr Partner sei verletzt durch eine Äußerung von Ihnen und er erwartet gar eine Entschuldigung, obwohl Sie überzeugt sind, nichts falsch gemacht zu haben: Entschuldigen Sie sich trotzdem für den »Schaden«, den Sie verursacht haben. Was auch immer der Auslöser war: Sie haben es nicht getan, um Ihren Partner zu verletzen. Und genau das sollten Sie ihm ruhig versichern, vielleicht mit den Worten: »Wenn dich das verletzt hat, tut mir das sehr leid. Das war nicht meine Absicht.«

Solche Ich-Botschaften zu senden ist überhaupt hilfreich – in jeder Beziehung. Bemühen Sie sich gerade in einer Streitsituation darum, die eigenen Gefühle auszudrücken, ohne den Partner direkt zu beschuldigen. Sagen Sie nicht »Du bist …«, sondern »Ich fühle mich …«. Das ist ein sehr großer Unterschied. Und Sie machen es Ihrem Partner leichter, da er erkennt, dass er sich nicht verteidigen muss, sondern dass er Ihr Verständnis suchen sollte. Ihre Hilfe. Ihre Liebe.

Vermeiden Sie die sogenannten Killer-Worte wie »immer …« und »nie …«, und falls Ihr Partner diese Worte benutzt, stellen Sie diese direkt in Frage. Sagt er zum Beispiel »Nie kümmerst du dich um mich …«, dann fragen Sie zurück: »Wirklich nie? Bist du da ganz sicher?« Wirft er Ihnen etwas vor wie »Immer tust du …«, sollte die Gegenfrage lauten: »Ich mache das immer? Wirklich immer?«

Zugegeben, es liest (und schreibt) sich viel leichter, als es während eines Streits ist, aber mit etwas Übung schaffen Sie das, und Sie werden erkennen, dass es sich lohnt. Wie gut, wenn wir aus einem Streit unter Liebenden dieses ganze Drama herausfiltern können, das absurde Theater, das in gegenseitigen Beschuldigungen endet. Eine Entschuldigung ist dagegen eine leichte Übung. Und Sie vergeben sich nichts – vor allem, wenn Sie erkennen, welche Verletzungen Sie einander beim regelmäßigen Streiten zufügen. Lassen Sie es in Ihrer Beziehung nicht so weit kommen, dass Sie nicht mehr bereit sind, Frieden mit Ihrem Partner zu schließen. Sehen Sie einen Streit als das, was er ist: ein hausgemachtes Drama um ein Missverständnis.

Sparen Sie sich die Kraft, und überlegen Sie stattdessen, was Sie eigentlich möchten, was Ihnen fehlt, wovon Sie träumen, was Sie momentan vermissen – und trauen Sie sich, Ihrem Partner zu sagen, was wirklich mit Ihnen los ist.

Einfach typisch

»Das ist wieder mal einfach typisch für dich!«, hörte ich in frustriertem Tonfall von meiner Mutter. Ein übler Satz, bei dem ich mich unwillkürlich fragte, wie man sich bloß über so etwas aufregen konnte. Und diese Frage stellte ich mir später prompt wieder, wenn er aus dem Mund einer Freundin kam. Beim ersten Mal war ich vierzehn Jahre alt und saß mitten im Zimmer auf dem Boden, auf dem meine Kleidung, der Inhalt meines Schulranzens und vieles mehr herumlag, und spielte Gitarre – seit etwa fünf Stunden.

Es ist ja nicht so, dass ich so was nicht auch gebracht hätte, aber der entscheidende Unterschied ist wohl, dass Claudius es schafft, sich so auf sein Instrument zu konzentrieren, dass er alles um sich herum vergisst. Schon als Teenager war ich mir des Chaos, das ich verursacht hatte, im Gegensatz zu ihm durchaus bewusst …

Wie oft habe ich den Satz wieder gehört, wenn ich nach einem Streit in meinem Zimmer verschwand, die Tür hinter mir zuknallte und stundenlang nicht rauskam. Erst wenn ich hoffte, dass die Luft rein war, verließ ich das Zimmer und wurde – wieder einmal – mit den Worten empfangen: »Das ist einfach typisch!«
Dabei hatte ich die Ruhe meines Zimmers gesucht, um herunterzukommen, nachzudenken, damit aus einer Diskussion kein Streit wurde. Und ich zog mich heraus, weil ich befürchtete, noch größere Fehler zu machen. In einem Wortgefecht fallen mir nun einmal nicht so schnell die richtigen Argumente ein. Um darüber nachzudenken, wie ich – und wir – aus diesem Schlamassel herauskommen könnte,

brauchte ich Zeit. Wollte meine Gefühle verarbeiten. Erst wenn ich mich gefangen hatte und das Gedankenkarussell zum Stillstand gekommen war, konnte ich wieder aus dem Zimmer kommen. Wie schön, wenn alles vorbei ist und ich der friedlichste Mensch auf der Welt bin.

»Das ist mal wieder typisch für dich. Erst verletzt du meine Gefühle, und dann tust du so, als sei nichts gewesen! Spinnst du eigentlich? Glaubst du, du kannst das einfach aussitzen, und wenn du wieder rauskommst, hab ich alles vergessen, und alles ist wieder gut? Du kannst mich mal!«, warf ich meinem ersten Freund an den Kopf.
Mitten im Streit war er einfach abgehauen und hatte die Tür hinter sich zugeknallt – einfach so. Und während ich mir den Kopf zerbrach, was ich nur tun könnte, saß er in seinem Zimmer und schmollte. Und irgendwann kam er wieder raus und machte einen auf Unschuld – Frechheit! Dabei hatte ich ihm im Streit doch auf jede mögliche Art erklärt, was mich ärgerte. Gut, ich hatte mich vielleicht ein wenig in Rage geredet, aber er hatte eigentlich gar nichts gesagt. Was hätte ich denn tun sollen?

> **Sie: »Er schweigt immer – ist es da verwunderlich, dass ich meckere?«**
> **Er: »Sie meckert immer – ist es da verwunderlich, dass ich schweige?«**

So oft haben wir das von Klienten gehört. Bei uns selbst wahrgenommen. Dabei sind wir vermutlich nicht einmal ein besonders gutes Beispiel für »typisch weiblich« und »typisch männlich« – wir tauschen unsere Rollen gerne immer mal wieder. Und so wie Claudius einige durchaus eher »weibliche« Angewohnheiten hat, benimmt Nina sich ab und zu mal »wie ein Kerl«. Doch im Großen und Ganzen haben auch wir davon profitiert, sich das »Typische« einfach mal anzusehen und sich damit auseinanderzusetzen.

Männer und Frauen sind nun mal verschieden – und ohne zu tief in die Klischeekiste greifen zu wollen, können wir bestätigen, dass es bestimmte Verhaltens- und Denkweisen gibt, die »typisch« sind. Das heißt nicht, dass alle Männer oder Frauen immer und zu jedem Zeitpunkt so denken oder handeln, aber es gibt eine sehr starke Tendenz. Das hat nur zum Teil etwas mit der Erziehung zu tun. Manche Dinge haben ihren Ursprung darin, dass männliche bzw. weibliche Gehirne unterschiedlich von den Hormonen beeinflusst werden. Die Männer stärker durch das männliche Sexualhormon Testosteron und die Frauen durch den Einfluss des weiblichen Gegenspielers Östrogen. Eine unterschiedliche Denkweise beeinflusst aber auch die gesamte Kommunikation, unsere Erwartungen, unseren Charakter.

In Seminaren spielen wir dazu häufig ein Spiel mit unseren Teilnehmern. Wir fragen ab, was für sie eine typische Haltung oder ein typisches Verhalten in bestimmten Situationen ist. Dabei erreichen wir eine Trefferquote geschlechtstypischer Verhaltensweisen von über achtzig Prozent! Das Gelächter ist entsprechend meist groß, genau wie die Verwunderung. Und am Ende müssen auch die skeptischen Teilnehmer zugeben, dass an den Klischees von »typisch Mann« und »typisch Frau« wohl wirklich was dran ist.

Deshalb verwundert es uns nicht, dass uns viele Paare bei »Szenen aus der Ehe« immer wieder genau diese Klischeevorstellungen schildern. Allerdings stoßen sich die Partner häufig an genau diesen Punkten. Aber ist das nicht »vergebliche Liebesmühe«, sich ausgerechnet daran zu stören? Das wäre doch, als wollte man sich darüber ärgern, dass Vögel fliegen, Fische schwimmen, Wasser nass ist – oder die Nacht dunkel. Sie finden sich immer wieder in den Seminaren: der Mann, der den ganzen Samstag zum Angeln verschwindet oder an seinem Computer rumbastelt, der zum Fußballspiel mit seinen Freunden um die Häuser zieht und nach gewonnenem Spiel lauthals Fangesänge anstimmt. Und die Frau, die bei einem Mädchenabend mit Filmen, Süßigkeiten und Prosecco garantiert Zeit- und Raumgefühl verliert, gackert und einfach glücklich ist, sich unbeschwert wie ein Mädchen zu fühlen. Oder die Frau, die sich stundenlang am Telefon mit ihrer Freundin über andere Freundinnen auslassen kann.

Wir haben festgestellt, dass Männer und Frauen trotz aller Gleichberechtigung samt Angleichung und Gemeinsamkeiten weiterhin recht unterschiedlich sind, was ihr Sozialverhalten angeht – und den Umgang miteinander. Gerade während der Flirttrainings fällt uns oft auf, wie Frauen in Gruppen bzw. Männer in Gruppen sich verhalten. Frauen gleichen in ihrem Gruppenverhalten eher Herdentieren: Alle bleiben schön beisammen und achten darauf, dass es möglichst allen gut geht. Sie suchen auch in Beziehungskrisen oft den Rat gleich mehrerer Freundinnen. Frauen diskutieren viel, sie besprechen, bemitleiden, ermutigen oder belehren sich. Frauen bilden ihre Beziehungen über das Gespräch – über den Austausch und das Mitgefühl füreinander. Ihre Konflikte allerdings sind meist verdeckt: Die Anzeichen sind nicht leicht zu entdecken, und sucht man nach einer Lösung, findet man sie am ehesten durch Verständnis, Mitgefühl und Austausch. Doch oft dauert das sehr lange, denn die Kommunikation wird nicht »klar« geführt: Es gilt, zwischen den Zeilen lesen zu können, und es kann passieren, dass man zunächst genau das Gegenteil von dem hört, was gemeint ist.

Männer verhalten sich dagegen häufig eher wie in einem Rudel: Es ist für fast jeden in der Gruppe völlig in Ordnung, wenn ein Mann sich vom Rudel löst, und man konkurriert spielerisch, aber offen um die »Führungsposition«. Die meisten Männer suchen bei Problemen die Einsamkeit oder Stille und höchstens einen, nämlich den besten, Freund auf. Sie denken über das Problem nach, bis sie eine Lösung gefunden haben (oder das Problem längst aus der Welt ist). Ihre Beziehungen zu anderen Freunden knüpfen sie über das gemeinsame Tun oder die geteilte Begeisterung für etwas. Konflikte werden offener ausgetragen und lösungsorientiert angegangen, nicht zuletzt, um »zu gewinnen« bzw. um sich durchzusetzen, und wenn die Fronten geklärt sind, ist auch der Konflikt vergessen. So, wie es in einem Rudel eben üblich ist.

Frauen denken, während sie reden – sie kommen durch das Reden überhaupt erst auf so manchen Gedanken. Während eine Frau spricht, ordnet sie ihre Gedanken und wird sich über ihre Gefühle klar. Sie braucht gewissermaßen das Reden, um sich selbst besser zu verstehen und herauszufinden, worum es ihr geht. Sie kommuniziert quasi den Weg zu ihrer Lösung, und die Tatsache, dass sie kommuniziert, hilft ihr, den Weg überhaupt erst zu finden.

Bei vielen Männern ist es genau andersherum: Ein Mann muss schweigen, um vernünftig und in Ruhe denken zu können. Er schweigt und denkt. Wenn er fertig ist mit Denken, kommuniziert er das Ergebnis seiner Gedanken. Wenn er überhaupt zu einem Ergebnis gekommen ist – vielleicht gibt es deshalb so viele schweigsame Männer? Sie denken noch!

Wenn ich mich zurückziehe, dann nicht, weil ich meine Frau nicht mehr mag, sondern weil ich in Ruhe nachdenken möchte. Weil ich auf Lösungen kommen möchte, wie ich mich weiterhin gut fühlen kann – und sie auch. Egal, ob die Lage dramatisch ist oder nicht. Ich benötige Zeit zum Nachdenken. Und Zeit für mich.

Wenn ich auf meinen Mann einrede, dann weil ich ihn an meinen Gefühlen teilhaben lassen möchte. Das ist eigentlich ein Zeichen meiner Wertschätzung – auch wenn er das nicht immer versteht …

Natürlich gibt es bei jedem Menschen neben den »typisch weiblichen« und »typisch männlichen« Facetten auch ganz eigene Charakterzüge. Doch wir wollen hier die wirklich »typischen«, die uns immer wieder ins Auge fallen, auflisten und unsere Empfehlungen dazu geben, wie wir es inzwischen in unserem Seminar »Abenteuer Liebe« tun. Zugegeben, es ist immer wieder für einen Lacher gut, wenn unser Teilnehmer in die Runde blicken und Vertreter des anderen Geschlechts fragen: »Echt jetzt?« Manches kann so einfach sein …

Diese typischen Tipps haben wir nicht nur an uns selbst ausprobiert und erforscht, sie sind auch aus vielen Coachings und Seminaren von Nina entstanden. Sie sollen in keiner Weise alle Menschen eines Geschlechts in eine Schublade stecken – aber wenn es eine starke Tendenz gibt, die uns immer wieder bestätigt wird, finden wir das Wissen darum sehr hilfreich.

Typisch Mann – und wie Frau
ihn glücklich machen kann

Was uns zunächst an Männern auffällt, sind ihr Interesse an und ihre Begeisterung für Sex und (bei heterosexuellen Männern) für die weiblichen Geschlechtsmerkmale: Die meisten Männer könnten stundenlang weibliche Brüste und Genitalien betrachten, ohne dass ihnen dabei langweilig wird. Das ist vermutlich auch der große Erfolgsfaktor von Zeitschriften wie »Playboy« und anderen Magazinen mit noch weniger Text. Männer scheinen fasziniert vom weiblichen Körper zu sein. Neben dem Gedanken an Sex scheint ein Frauenkörper das Tollste zu sein, was die Mehrheit der Männer auf diesem Planeten sich vorstellen kann. Das führt mich zu zwei Schlussfolgerungen, die viele männliche Klienten als Wahrheit bestätigt haben:

1. Wenn ein Mann einer anderen Frau hinterherschaut, dann hat das nichts mit seiner aktuellen Partnerin, mangelnder Attraktivität ihrerseits oder einem Beziehungsproblem zu tun. Es bedeutet lediglich, dass er noch am Leben ist. Es ist eine Art Reflex, eine attraktive Frau anzusehen und einen Blick auf ihre Brüste, Beine, Haare oder ihren Po zu werfen. Mit anderen Worten: Wenn Ihr Partner einer Frau hinterherschaut, dann ist mit ihm alles in Ordnung. Schmunzeln Sie! Denken Sie sich: »Gut, deine Reflexe sind in Ordnung!« Kritisieren Sie ihn nicht dafür oder machen Sie gar eine Szene – denn damit zeigen Sie eigentlich nur, dass Sie sich von dieser Frau bedroht fühlen und der Meinung sind, sie sei besser, als Sie es sind. Sie sagen damit auch, dass Sie Ihrem Partner nicht glauben, dass

er Sie liebt, und dass seine Reflexe Sie bedrohen ...
Das wäre doch eigentlich albern. Denken Sie an den
Liebeskiller Eifersucht, und erkennen Sie, dass es
überhaupt keinen Grund dafür gibt. Lassen Sie ihn
schauen. Werden Sie nicht zur Ursache schlechter Gefühle ...

2. Ganz egal, welche Komplexe Sie haben, ob Sie gerade
   mit dem eigenen Körper unzufrieden sind. Ob Sie sich
   zu dick, zu dünn oder zu alt finden. Ob Sie Ihren
   Busen zu klein oder zu groß finden, Ihren Hintern zu
   dick oder zu flach: Wenn Sie sich ausziehen, sieht Ihr
   Mann eine nackte Frau – und ist begeistert. Das wird
   natürlich erschwert, wenn Sie währenddessen an sich
   herummäkeln oder Ihre »Problemzonen« in den Vordergrund rücken. Wenn Sie das nicht tun und vielleicht stattdessen die eigenen weiblichen Attribute ein
   wenig in Szene setzen, können Sie darauf zählen, dass
   Ihr Partner mag, was er sieht: eine nackte Frau – in
   seiner Reichweite ... Sie können damit sogar kleine
   Unstimmigkeiten sofort beenden oder Ihren Partner
   aufheitern, wenn er schlechte Laune hat. Sagen Sie
   einfach: »Komm, ich zeig dir was Schönes«, und he-
   ben Sie Ihr Shirt hoch ... Wetten, dass das bei fast allen
   Männern funktioniert? Das mag oberflächlich klingen, kann aber manchmal auch sehr praktisch sein ...

Das Wichtigste, was Sie für Ihre Partnerschaft und Ihren
Partner tun können, ist, ihn sich männlich fühlen zu lassen. Leichter gesagt als getan, meinen Sie? Das muss es
nicht sein: Es gibt ein paar ganz einfache Dinge, die Sie
tun – und einige, die Sie lassen können. Sie müssen das
nicht glauben, aber probieren Sie es einfach aus!
Meine Oma hat das schon gesagt, und irgendwie habe ich

das Gefühl, es ist was dran: Ein satter Mann ist ein glücklicher Mann. Das gilt sowohl für satt im Sinne von »satt gegessen« als auch im Sinne von »gut gevögelt«. Auf die nähere Bedeutung von Sex für eine gesunde, glückliche Partnerschaft gehen wir noch ein – doch grundsätzlich ist zu sagen, dass die Kombination aus gutem Essen und gutem Sex innerhalb der Beziehung eine recht solide Basis für einen zufriedenen Partner ist. Wenn ein Mann »satt« und glücklich ist, ist es ihm ein Vergnügen und geradezu ein Bedürfnis, auf die Bedürfnisse seiner Partnerin einzugehen. Das heißt nicht, dass Sie Sex und Essen als »Zahlungsmittel« oder gar »Druckmittel« einsetzen sollen – im Gegenteil. Doch hier haben Sie eine Antwort auf die Frage, wie Sie ihn glücklich machen können oder was er braucht, um sich gut zu fühlen. Wenn er sich gut fühlt, dann möchte er, dass Sie sich gut fühlen, und er wird auch etwas dafür tun wollen.

Was Ihr Partner nicht braucht, ist falsch verstandene Hilfsbereitschaft Ihrerseits: Geben Sie Ihrem Partner keine Tipps, und sagen Sie ihm nicht, was er tun oder lassen soll. Nehmen Sie ihm nicht das Heft aus der Hand – es sei denn, er bittet Sie explizit darum. Frauen sind in aller Regel so aufgewachsen und erzogen, dass das Anbieten von Hilfe für sie eine Form der Zuwendung darstellt, einen Akt der Liebe und Verbundenheit. Wir wollen daher auch unserem Partner diese Zuneigung zukommen lassen und versuchen deshalb, ihm zu helfen und ihn zu unterstützen, wo wir nur können. Wenn Ihr Partner Sie fragt oder um Hilfe bittet, ist das auch ganz wunderbar. Tut er das nicht, untergraben Sie gerade sein Selbstvertrauen. Unter Männern bedeutet das nämlich: Du bist zu schwach oder zu blöd und schaffst das nicht alleine! Sie übernehmen bzw. erobern damit sozusagen die »Rudelführerschaft« und degradieren ihn vom gleichwertigen Partner zum »Kind« oder »Untergebenen«. Tatsächlich ist das – laut Aussage vieler Männer – einer der häufigsten Trennungsgründe, gerade auch in der Anfangszeit der Beziehung: Sie kommt in sein Leben und beginnt zu »helfen« und zu »optimieren«. Er fühlt sich jedoch bevormundet und »bemuttert«. Kein gutes Gefühl für ihn, daher wird er Ihnen vermutlich auch nicht gerade vor Dankbarkeit um den Hals fallen. Und auch sich selbst machen Sie nicht zufriedener dadurch, denn es bleibt ein schales Gefühl: Sie haben doch alles gegeben und sich so bemüht, und er ist auch noch undankbar. Auch wenn es manchmal schwerfällt: Warten Sie ab, ob Ihr Partner Sie um Hilfe bittet – ansonsten machen Sie ihm allenfalls Mut. Das ist immer noch besser, als sein Selbstwertgefühl zu untergraben.

Männer brauchen noch mehr als Frauen Phasen am Tag, in der Woche und im Jahr, an denen sie ungestört und »ungestraft« schweigen oder auch einfach nichts tun dürfen. Manche Männer suchen sich dafür gezielt Hobbys, andere ziehen sich einfach so zurück oder täuschen ein »Nickerchen« oder Fernsehen vor, aber im Grunde geht es darum, eine Zeitlang einfach mal »nichts« zu tun, abzuschalten, offline zu gehen. Wenn Sie das Gefühl haben, Ihr Partner ist geistesabwesend, und Sie fragen ihn, woran er gerade denkt, und er antwortet »nichts«, dann ist das tatsächlich in den allermeisten Fällen die reine Wahrheit. Wenn das für Sie schwer zu verstehen oder zu akzeptieren ist, dann stellen Sie es sich so vor: Ihr Partner meditiert gerade. Lassen Sie ihn, und stören Sie ihn nicht dabei. Je öfter Sie ihn davon abhalten oder dafür kritisieren, umso mehr wird er sich zurückziehen.

Zeigen Sie Ihrem Partner, wie er Sie glücklich machen

kann. Im Grunde will Ihr Partner doch nichts anderes, als Sie glücklich und zufrieden zu sehen. Manchmal allerdings fällt es ihm schwer zu erkennen, was er tun (oder lassen) kann, um das zu erreichen. Die meisten Frauen wiederum sind unglaublich gut darin, ihrem Partner nur äußerst subtile Hinweise zu geben, was ihre Wünsche sind. Meist sind sie so subtil, dass der Partner sie nicht einmal bemerkt. Hören Sie auf, mit dem Zaunpfahl zu winken, und geben Sie ihm eine echte Chance. Wenn Sie zu Ihrem Partner sagen »Wir waren schon lange nicht mehr im Theater«, dann hört er nicht: »Ich wünschte, du würdest mich mit Theaterkarten überraschen.« Er hört nur: »Wir waren schon lange nicht mehr im Theater.« Er wird gedanklich prüfen, ob das stimmt, und Ihnen zustimmen oder widersprechen. Daraus leitet er nicht zwangsläufig den von Ihnen erhofften Handlungsbedarf ab. Seien Sie also nicht enttäuscht, wenn er Sie daraufhin nicht mit Theaterkarten überrascht. Wenn Sie mit Theaterkarten überrascht werden möchten, dann sagen Sie: »Ich würde mich so freuen, wenn du mich mal wieder mit Theaterkarten überraschst.« Und bitte seien Sie überrascht, wenn er bald darauf in der Tür steht und sagt: »Schatz, ich hab Theaterkarten!«, denn er wünscht sich, dass Sie glücklich sind.

Fast alle Männer lieben es, wenn sie etwas retten, reparieren, heilen oder schaffen können. Natürlich hat jeder Mann dabei seine eigenen Vorlieben und Interessen: Manche sind regelrechte »Hobby-Hausmeister«, andere eher Künstler oder verkappte Therapeuten. Aber grundsätzlich bedeuten für ihn die Phänomene »Wiederganzmachen« und »Bauen« Erfolgserlebnisse der besonderen Art mit direkter Auswirkung auf das Selbstvertrauen, die Souveränität und das Gefühl der Männlichkeit. Lassen

Sie sich also unbedingt helfen, bitten Sie ihn um »Reparaturen« oder »Baumaßnahmen«, die seinen Vorlieben entsprechen, und betonen Sie dabei, dass Sie wissen, dass er das besonders gut kann. Lassen Sie ihn ein Held sein, und feiern Sie seine Heldentaten ... Die meisten Männer sind süchtig nach Anerkennung und Lob, aber sie wollen das auch verdient haben. Geben Sie Ihrem Partner die Chance dazu.

 Das Wichtigste, was eine Frau ihrem Partner geben kann, ist Anerkennung.

Vergessen Sie nicht, dass diese männlichen Herausforderungen noch eine weitere Folge haben: Wenn Sie dem Partner ein Problem kommunizieren, dann kann es sein, dass er sich berufen fühlt, dieses Problem sofort zu lösen (es also »zu reparieren«). Sie müssen womöglich sogar mit Kritik rechnen dafür, dass Sie das Problem immer noch haben, obwohl es aus seiner Sicht diverse Lösungsmöglichkeiten gäbe – und er sie Ihnen mitgeteilt hat. Wenn Sie einfach nur Beistand oder Mitleid von ihm möchten und auf kar keinen Fall einen Lösungsvorschlag, sondern nur ein offenes Ohr, dann sagen Sie es ihm. Bitten Sie ihn um die Möglichkeit, sich Ihren Kummer von der Seele zu reden. Sie müssen ihm das wirklich sagen! Wenn er weiß, dass er keine Lösung anbieten muss, sondern automatisch der beste Partner der Welt ist, wenn er einfach für Sie da ist und zuhört, dann wird er vermutlich erleichtert sein.

Gönnen Sie Ihrem Partner regelmäßigen »Männerspaß«: Bestimmt gibt es etwas, das er gerne tut und das überhaupt nicht Ihr Ding ist. Bei manchen Männern ist es Fußball, bei anderen eine bestimmte Art von Musik, bei manchen ist es eine Spielekonsole, ein bestimmter Sport oder das Treffen (oder Versacken) mit bestimmten Freunden, denen Sie nichts abgewinnen können. Halten Sie Ihren Partner unter keinen Umständen von solchen Aktivitäten ab, und kritisieren Sie ihn nicht dafür. Je mehr Sie das beanstanden, umso mehr werden Sie zur Quelle der Kritik, von der er sich entfernen möchte – und wohin? Genau … dahin, wo es ihm gutgeht: zu seiner Lieblingsbeschäftigung. Sollten Sie allerdings das Gefühl haben, Ihr Partner verbringt mehr Zeit mit diesen Lieblingsbeschäftigungen als mit Ihnen, dann zählen Sie nach, und reden Sie mit ihm darüber. Wenn Ihr Partner am Wochenende mit Ihnen frühstückt und sich danach in seinem Büro oder seinem Hobbykeller einschließt und erst am Abend wieder herauskommt, ist das in der Tat unfair. Doch zwei Stunden zum Sport zu gehen – dafür aber die restlichen 22 Stunden mit Ihnen zu verbringen, ist kein Grund zur Klage. Könnte es sein, dass Ihnen einfach nur langweilig ist und Ihnen eine Lieblingsbeschäftigung fehlt? Denken Sie daran, je mehr Sie meckern, umso weniger wird sich etwas ändern. Das ist auch so, wenn er mehr Zeit mit anderen Dingen verbringt und Sie sich vernachlässigt fühlen. Erklären Sie ihm, dass Sie ihm seinen Spaß gönnen, aber dass Sie ihn vermissen und sich wünschen, er würde mit Ihnen ebenso viel Zeit verbringen. Wer den Partner grundsätzlich bestärkt und ihm Spaß gönnt, wird garantiert mit gemeinsamer Zeit belohnt.

Klischeeschublade wieder zu … Glauben Sie nichts davon. Probieren Sie es aus!

Typisch Frau – und wie Mann
sie glücklich machen kann

Machen wir also auch die Klischeeschublade »Frau« auf, und was finden wir? Dass jede Frau, egal, wie selbstbewusst und selbständig sie tut, nach wie vor auch ein bisschen Prinzessin ist, die sich (manchmal sehr heimlich) wünscht, erobert, verzaubert und verführt zu werden. Das will eigentlich gar nicht zum Bild der gleichberechtigten, modernen Partnerschaft passen, das wir alle heutzutage vor Augen haben und propagieren. Dennoch ist sie da – die Sehnsucht der Frau nach einem starken Mann. Nach einer Schulter, an die sie sich lehnen kann, einem Fels in der Brandung, einem edlen Ritter, einem Helden, bei dem sie sich fallen lassen kann und der sie auffängt. Doch woher soll ein Mann wissen, wann und wie überhaupt er in diese Rolle schlüpfen soll? Gar nicht so einfach ... Oder doch?

Vielleicht ist es Ihnen schon aufgefallen: Viele Frauen wirken, als hätten sie Mühe, sich zu entscheiden. Das ist zwar zum Teil tatsächlich richtig, weil Frauen meist sehr viele Kriterien (und mehr Kriterien als Männer) in Betracht ziehen, wenn sie eine Entscheidung treffen sollen – selbst wenn es sich nur um den Kauf einer Tiefkühlpizza handelt. Es liegt aber auch daran, dass Frauen nicht immer nur das Ergebnis ihrer Überlegungen kommunizieren, sondern sehr häufig den Weg dorthin oder einfach grundsätzlich jeden Gedankengang. Wenn Ihre Partnerin also sagt: »Wir könnten ja heute Abend mal wieder zum Italiener gehen«, dann meint sie damit nicht zwangsläufig, dass damit die Abendplanung abgeschlossen ist, sondern dass es lediglich eine Idee ist, über die sie gerade nachdenkt. Für Frauen ist es ein Akt der Zuneigung, den Partner an ihren

Gedanken teilhaben zu lassen. Und Frauen wünschen sich, dass der Partner sie ebenfalls an seinen Gedanken teilhaben lässt. Gedanken zu teilen ist Frauenart, für Nähe zu sorgen. Das muss nicht bedeuten, dass diesen Gedanken direkte Taten folgen müssen. Das Reden alleine ist manchmal schon genug.

Allerdings bringt diese Entscheidungsschwäche es mit sich, dass das Verständnis vieler Männer leidet, die sich in einer »gleichberechtigten Beziehung« wähnen, »in der man gemeinsam entscheidet«. Das ist für viele Frauen überhaupt nicht gleichberechtigt und sehr anstrengend: Wenn ein Mann der Partnerin für den Abend Vorschläge macht oder sie fragt, worauf sie Lust hat, dann ist sie es, die entscheiden muss. Und da Entscheidungen nun einmal schwerfallen, ist das nicht gerade ein Freundschaftsdienst. Die meisten Frauen wären wohl froh, einen Partner zu haben, der öfter mal etwas sagt wie: »Na, komm, ich lad dich zum Italiener ein heute Abend!«, anstatt »Worauf hast du denn Lust?« Die Frage bedeutet indirekt, dass eine Frau all ihre Kriterien durchgehen muss. Möglicherweise wird sie ziemlich genervt sein. Dann ist Enttäuschung vorprogrammiert. Er hat es ihr mal wieder nicht recht machen können, und sie musste mal wieder die Verantwortung tragen für eine Entscheidung.

Dazu übrigens ein wichtiger Tipp: An ihrem Geburtstag wünscht sich eine Frau mit großer Wahrscheinlichkeit nicht, dass sie »bestimmen« darf, was passiert. Das Größte wäre vermutlich, wenn der Partner einen romantischen Tag plant und sie mit etwas überrascht, von dem er ziemlich sicher ist, dass es ihr gefallen könnte.

Vielleicht ist es Ihnen auch schon aufgefallen: Die meisten Frauen wollen das Prinzip »Ein Mann – ein Wort« einfach nicht kapieren. Es fällt offenbar schwer, es zu akzeptieren. Für eine Frau ist durch die eigene Art der Kommunikation jede Aussage praktisch eine Äußerung zum aktuellen Stand der Dinge. Wenn sie sagt: »Ich liebe dich«, dann hat das meist unmittelbar mit einer bestimmten Situation zu tun. Sie fühlt sich in dem Moment gerade so und teilt es mit. Was nicht heißen soll, dass sie es nicht auch grundsätzlich so meint, aber die meisten Frauen haben Schwierigkeiten damit, dass Männer das »Ich liebe dich« als feste Größe sehen, die – einmal ausgesprochen – sozusagen Gültigkeit hat bis in alle Ewigkeit oder bis auf Widerruf. Frauen bestätigen sich gegenseitig, sie besprechen die eigenen Vorlieben, und sie zeigen sich dadurch, dass sie einander mögen. Kein Wunder also, dass Frauen auch in der Partnerschaft immer wieder diese Art von Bestätigung suchen. Wenn Sie sich also wundern sollten, warum Ihre Partnerin Ihnen z. B. beim Einkauf ständig Dinge zeigt, die sie schön findet, müssen Sie die Sachen nicht gleich kaufen: Ihre Frau möchte sich mit Ihnen verbunden fühlen und mit Ihnen teilen, was ihr gefällt und Freude macht.

Dieses beständige Bestätigen ist auch der Grund, warum viele Frauen es schaffen, ständig Kontakt zu halten. Das »Er denkt an mich«-Gefühl ist für Frauen gleichbedeutend mit »Ich werde geliebt«. Daher ist das Beste, was ein Mann für seine Partnerin und die Partnerschaft tun kann, ihr hin und wieder zu zeigen, dass er an sie denkt. Ein kleiner Aufwand, der ein großes Ergebnis erzielt. Beispiele? Das kann sein: ein kleiner Zettel auf ihrem Schreibtisch, eine (!) Praline oder irgendeine Kleinigkeit, die sie besonders mag, aber es muss überraschend kommen, wenn sie es nicht erwartet. Oder eine liebevolle SMS ganz ohne Grund – nicht ständig, nur hin und wieder mal. Das kann bei Ihrer Partnerin wahre Liebeslawinen auslösen, dieses Gefühl: »Er hat an mich gedacht.« Insofern ist es wertvoller für die Beziehung, wenn er ihr ab und an mal den Lieblingsschokoriegel von der Tankstelle mitbringt, als ihr einen teuren Ring an den Finger zu stecken, um ihr Liebe zu »beweisen«.

Auch wenn die eigene Partnerin mal Kummer hat, ist die Lösung meist einfacher, als der Mann denkt: Die meisten Männer sind lösungsorientiert, und geht es der Partnerin mal nicht so gut oder jammert sie über Job, Stress oder Freunde, dann ist es für die meisten Männer nur logisch, nach einer Lösung zu suchen, die Partnerin bestmöglich zu beraten oder ihr Lösungsvorschläge zu machen. Leider hat das nur selten den gewünschten Erfolg, und schon mancher Mann ist an der »Beratungsresistenz« seiner Partnerin schier verzweifelt. Männer sollten sich vor Augen führen, dass Frauen sich in den allermeisten Fällen keine Lösung wünschen, sondern Nähe, Anteilnahme und Aufmerksamkeit.

 Das Wichtigste, was ein Mann seiner Partnerin geben kann, ist Aufmerksamkeit.

Zuhören allein kann vieles vereinfachen: Frauen wissen eigentlich, dass die Männer sie nicht verstehen – daher erwarten sie es eigentlich auch nicht, verstanden zu werden. Aber zu spüren, dass ein Mann sich zumindest darum bemüht, ist ein gutes Gefühl und ein Akt der Liebe, den jede Frau anerkennt und schätzt.

Gegenseitige Achtsamkeit und Verständnis, darum geht es Frauen in erster Linie. Auch in einem Streit. Es geht in der Regel nicht darum, zu gewinnen, und auch nicht darum, zu überzeugen – sondern einander zu verstehen. Wir haben es im Kapitel »Gewitter« bereits ausführlich erwähnt – doch gerade für Frauen ist es ganz besonders wichtig, deshalb möchten wir es hier nochmals betonen: Wenn Ihre Partnerin Sie mal beschuldigen sollte, sie verletzt zu haben und Sie können das so gar nicht verstehen: Es wird nichts nützen, sie davon überzeugen zu wollen, dass das, was Sie getan haben, nicht verletzend war. Sie müssen und sollten sich allerdings auch nicht dafür entschuldigen, was Sie getan haben. Es reicht vollkommen, wenn Sie sich dafür entschuldigen, dass es Ihre Partnerin verletzt hat. Sagen Sie einfach: »Es tut mir leid, wenn es dich verletzt hat – das war nicht meine Absicht.« Ein kleiner Satz – mit magischer Wirkung.

Und er lässt etwas zu, das für Ihren Status als souveräner Partner bei Ihrer Partnerin nötig ist: Sie behalten Ihre Integrität. Sie stehen zu sich und dem, was Sie tun – und das wird wiederum Ihre Partnerin respektieren.

Ein weiteres, sehr hilfreiches Mittel ist übrigens Humor: Wenn Sie Ihre Partnerin zum Lachen bringen können, ist das meist die halbe Miete. Auch wenn das ein oft bedientes Klischee ist: Frauen lieben Männer mit Humor – das bedeutet nicht, dass ein Mann beständig Witze erzählen sollte, sondern dass er in der Lage ist, sie zum Lachen zu bringen, und auch sich selbst nicht immer zu ernst nimmt.

Gut, machen wir auch diese Klischeeschublade wieder zu, aber schauen Sie ruhig ab und an mal wieder rein. Sie werden feststellen, dass es sich lohnt.

Es wäre doch auch irgendwie reizlos, wenn Männer und Frauen in allem gleich und einig wären und sich immer reibungslos verstehen würden.

Unsere besten Tipps für langes Verliebtsein

Als Claudius damals direkt nach dem ersten Treffen um meine Hand anhielt, war klar: Diesmal wird es ganz anders als alles, was ich vorher erlebt hatte. Sein Mut und seine Klarheit, sich wirklich direkt für mich zu entscheiden, ohne mich monatelang »ausprobiert« zu haben, gaben mir so viel Vertrauen und Glauben, dass ich bereit war, diesmal wirklich eine Partnerschaft einzugehen – und nicht nur eine »Beziehung« zu führen. Ich bin sicher, dass einige Menschen aus unserem Umfeld unserer Ehe keine zwei Jahre gegeben haben, und wir möchten nicht verschweigen, dass wir in den ersten Jahren viel zu lernen hatten. Das Leben hat uns kräftig durchgerüttelt.

Doch es gab und gibt drei Faktoren, die dafür gesorgt haben, dass wir heute so glücklich sind wie nie zuvor:

1. Wir hatten den Wunsch, es richtig zu machen, und den Willen, uns wirklich aufeinander einzulassen: alles zu geben und anzunehmen für eine echte Partnerschaft.

2. Das Bewusstsein, dass der meiste Ärger und Kummer nicht durch den Partner, sondern durch eigene Glaubenssätze, Traumata und die eigene Ambivalenz ausgelöst werden.

3. Unterstützung von außen: Erkenntnisse durch Bücher, Coachs oder therapeutisch arbeitende Freunde, die uns immer wieder an die ersten beiden Faktoren erinnert haben und die bereit und fähig waren, Probleme mit uns zu besprechen und diese aufzulösen.

Ninas Arbeit als Coach und Trainerin und ihr Mut, das, was sie sonst lehrt, auch auf sich anzuwenden, haben sicherlich wesentlich dazu beigetragen, dass wir glücklich sind. Unsere eigenen »Erfolge« in der Beziehung haben uns neugierig gemacht, so dass wir immer weiter nach Ursache und Wirkung geforscht haben: über das Verhalten innerhalb zwischenmenschlicher Beziehungen; nach Gesetzmäßigkeiten; nach »Rezepten« für das Gelingen einer Partnerschaft. Diese Rezepte haben wir an den zuverlässigsten Versuchspersonen getestet, die wir kennen: an uns selbst. Wir haben daraus sozusagen »goldene Regeln« für eine gute, erfüllende Partnerschaft abgeleitet, die wir in diesem Kapitel vorstellen und genauer erläutern möchten.

Eine Beziehung ist und bleibt nicht einfach gut, ohne etwas dafür zu tun. Was aber kann man tun, damit die Verliebtheit bleibt? Damit es interessant bleibt? Wie kann man den eigenen Bedürfnissen nachkommen, ohne sich gegenseitig aus den Augen zu verlieren?
Wichtig ist es, sich gegenseitig daran zu erinnern, auf dem Weg der Liebe zu bleiben und nicht in die Fallen der Angst zu tappen, die die meisten Menschen für sich im Laufe ihres Lebens selbst aufstellen.
Vermeiden Sie die vier Liebeskiller, und machen Sie sich immer wieder bewusst, was die Beziehung für Sie bedeutet – was Ihr Partner Ihnen bedeutet. Wir greifen in diesem Kapitel Themen auf, die nachvollziehbar machen, wie Sie es schaffen können, auf dem Weg der Liebe zu bleiben.

Entscheidung für die Liebe

Erinnern Sie sich immer wieder daran, wie Liebe entsteht und was sie wirklich ist: ein Gefühl – Ihr Gefühl, geboren in Ihrem Innersten, basierend auf Ihren Sehnsüchten. Die meisten Menschen glauben, die Liebe käme über sie und verginge dann auch wieder. Doch die Wahrheit ist, dass wir uns jeden Tag entscheiden können: Wir sehen von unserem Partner immer nur einen kleinen Ausschnitt des Ganzen, und je nach eigener Stimmungslage tendieren wir dazu, wahrzunehmen, was uns besonders gut gefällt, oder im Gegenteil nur das zu sehen, was wir nicht mögen (z. B. wenn wir uns rächen möchten). Finden wir genug Dinge, die uns nicht gefallen, und achten wir verstärkt und wiederholt darauf, werden wir immer etwas finden, was es auszusetzen gibt. Nörgeln wir oft und lange genug am eigenen Partner herum, wird er ebenfalls zuverlässig schlechte Laune bekommen, und irgendwann wird er diese schlechte Laune bereits empfinden, ohne dass wir nörgeln müssen. Es wird unserem Partner genügen, uns zu sehen, und er wird schlechte Laune haben. Herzlichen Glückwunsch – Sie haben soeben Ihre Liebesbeziehung zerstört.

Tun Sie sich und Ihrem Partner das nicht an. Genau wie Sie ist Ihr Partner ein Mensch, der nicht perfekt ist. Es gibt Dinge, die er sehr gut kann, und andere, die er nicht kann. Er wird sich nicht dadurch verändern, dass Sie an ihm herummeckern oder ihn ignorieren, wenn es mal nicht nach Ihrem Kopf geht. Ein Mensch hat viele Facetten, und nicht alle passen zu jeder Zeit zu den Eigenheiten eines anderen Menschen – auch wenn die Liebe noch so groß ist. Doch je mehr man gegen etwas kämpft, umso größer und gewichtiger wird es. Also lassen Sie es, und leben Sie damit. Es gibt mehr als nur die eine Wahrheit, wie Sie inzwischen wissen. Also entscheiden Sie sich immer wieder aktiv für die Liebe: Jeder Mensch ist ein Gesamtpaket an Eigenschaften und Möglichkeiten und kann nicht alle Bedürfnisse zu jeder Zeit erfüllen.

Sie würden von einem Sportwagen auch nicht erwarten, dass er viel Stauraum für Gepäck hat oder besonders günstig in Anschaffung und Pflege ist. Von einem Kleintransporter würden Sie nicht erwarten, dass er besonders sportlich und schnell ist, und so weiter. Also sollten Sie von Ihrem Partner nicht fordern, dass er alles kann und alles sein kann, was Ihnen gerade recht ist.

Betrachten Sie das, was an Ihrem Partner für Sie besonders interessant ist. Was macht ihn für Sie besonders? Was gefällt Ihnen an ihm? Worin haben Sie sich verliebt? Was unterscheidet ihn von anderen? Was können Sie nur oder am allerbesten mit diesem Menschen?

Betonen Sie immer wieder, was Sie beide verbindet – und nicht, was Sie trennt oder unterscheidet. Bauen Sie auf Ihren (gemeinsamen) Stärken auf, und stärken Sie, was gut läuft, statt an dem herumzuoperieren, was nicht so gut funktioniert. Je stärker Sie das Positive wahrnehmen und zu schätzen wissen, umso mehr können Sie über alles andere lachen.

Denken Sie daran: Liebe kommt nicht von außen – Sie können Sie weder geben noch bekommen. Sie können sie nur empfinden. Sie spüren Ihre Liebe, also Ihre Liebe zu Ihrem Partner, aber nur, wenn Sie sich dafür entscheiden. Wenn Sie Ihren Partner nicht zum Täter machen oder zur Quelle schlechter Gefühle, wenn Sie ihn nicht beschuldigen, nicht verraten und sich nicht entscheiden, ihm zu misstrauen oder ihn abzulehnen für etwas, das er nicht kann oder nicht ist.

Gehen Sie immer wieder den Weg der Liebe. Wo immer Sie unter Ängsten leiden, werden Sie spüren, wie diese sich in Luft auflösen, wenn Sie auf dem Weg der Liebe bleiben. Doch natürlich geschieht das nicht von alleine, und nur die Tatsache, sich verliebt zu haben, ist keine Lösung und nicht das Ziel. Es ist im Gegenteil erst der Anfang.

Nehmen Sie sich die Zeit, die Liebe zu Ihrem Partner zu spüren. Die Liebe zu Ihrem Partner ist wichtiger als so ziemlich alles andere, was Sie im Laufe eines Tages vorhaben. Sie ist wichtiger als Shopping, wichtiger als eine Fernsehserie, wichtiger als ein Computerspiel, wichtiger als Facebook ...

Nehmen Sie sich die Zeit, dankbar zu sein für das, was Ihr Partner für Sie bedeutet, und Verständnis für ihn aufzubringen. Nehmen Sie sich Zeit für Ihre Partnerschaft – für die guten Dinge: für Gespräche, gemeinsame Erlebnisse, Sex.

Wir leben in einer Gesellschaft, die alles Mögliche tut, um Dinge zu vereinfachen oder Zeit zu sparen. Und wofür? Mit der Vereinfachung und der eingesparten Zeit fangen die meisten Menschen tatsächlich oft nichts weiter an, als sie sich mit völlig nutzlosen und unkreativen Dingen zu vertreiben: Man bereitet Fertiggerichte zu oder bestellt Essen, weil das schneller geht, und dann sitzt man vor dem Computer oder dem Fernseher – und tut eigentlich nichts. Viele Menschen nehmen Jobs an, bei denen ein guter Verdienst winkt, doch in ihrer Freizeit sind sie dann so platt, dass sie eigentlich nur noch schlafen wollen. Dabei haben sie das Gefühl, etwas zu verpassen, und brauchen das Geld wieder, um »sich etwas zu leisten«, so dass sie wieder glauben können, dass es sich tatsächlich lohnt, so viel oder so hart zu arbeiten.

Wenn man nicht aufpasst, findet man sich schnell in einem Hamsterrad wieder und bemerkt nicht mehr, wie das Leben an einem vorbeizieht.

Vor ein paar Jahren ergab sich in einem Hamburger Café ein Gespräch mit einer jungen Mutter, die von ihrer Tochter darauf aufmerksam gemacht worden war. Die Tochter fragte sie eines Tages, warum sie und ihr Mann denn immer so viel arbeiten müssten und warum sie so viel Zeit in der KiTa verbringe. Darauf erklärte die Mutter ihr, dass sie eben Geld verdienen müssten, weil das Essen und die Kleidung und die Wohnung und natürlich auch die Spielsachen der Tochter ja nun mal Geld kosteten. Darauf fragte die Tochter: »Aber Mama, brauchen wir denn wirklich so viel Geld? Könntet ihr nicht ein bisschen weniger arbeiten, und dafür kaufen wir einfach weniger Spielsachen und Kleider und so?« Die Mutter erzählte uns, dass diese Frage sie so sehr berührt habe, dass sie erstmalig wirklich realisierte, dass ihre kleine Tochter nur ein einziges Mal in ihrem ganzen Leben vier Jahre alt sein würde und dass sie und ihr Mann das meiste davon verpassten, während sie meinten, eigentlich alles dafür zu tun, ihnen allen ein gutes Leben zu ermöglichen.

Dies ist keine Aufforderung, Ihre Arbeitszeit zu reduzieren – aber denken Sie bitte darüber nach, wie Sie Ihre Zeit verbringen und wie Sie Ihr Leben gestalten. Die meisten Menschen wünschen sich eine Partnerschaft, weil sie sich das Gefühl wünschen, zu lieben und geliebt zu werden. Sie fühlen sich nicht glücklich, selbst wenn sie beruflich erfolgreich sind, solange ihnen die Liebe versagt bleibt. Doch wenn das so wichtig ist, wieso räumen wir der Arbeit, dem Fernsehen oder dem Computer so viel und der Liebe so wenig Zeit ein? Viele Menschen bereuen kurz vor ihrem Tod, dass sie sich zu wenig Zeit genommen haben für ihren Partner und ihre Kinder, dass sie sich nicht getraut haben, etwas Besonderes zu wagen, oder dass sie Dinge vor sich hergeschoben haben, die sie so gerne »irgendwann mal« erlebt oder gemacht hätten.

Eine Liebesbeziehung ist ein bisschen wie ein gemeinsames Kind oder ein gemeinsamer Garten, wenn Ihnen dieses Bild gefällt: Sie braucht Aufmerksamkeit. Man muss sich um sie kümmern. Man muss sich Zeit dafür nehmen – auch Zeit dafür, sie zu genießen.

Wenn man nur nebeneinander her trottet, wird auch die Liebe in der Beziehung irgendwann vertrocknen wie die Blumen in einem Garten, um den sich niemand kümmert ... Dafür wächst und wuchert das Unkraut, so dass ihn am Ende keiner mehr betreten mag.

Machen Sie sich bewusst, dass wir lieben möchten und dass unser Partner und die gemeinsame Liebesbeziehung uns die Möglichkeit dazu bieten. Wenn Sie bereit sind, sich für die Liebe zu entscheiden, haben wir hier ein paar Hinweise für Sie, die Ihnen helfen, sie zu pflegen und wachsen zu lassen.

Liebestipp Nr. 1: Echte Kommunikation

Egal, was ich mir ausdenke, um Nina eine Freude zu machen, ein Geschenk etwa: Ich habe festgestellt, dass ich sie mit nichts so glücklich machen kann wie damit, dass ich ihr wirklich zuhöre, indem ich eine Verbindung zu ihr aufbaue und ihr immer wieder nahekomme und mit meinen Gedanken bei ihr bin.

Mein Mann und ich reden beide gern und viel. Doch Kommunikation besteht nicht nur aus Reden, sondern vor allem aus Zuhören. Manchmal sind wir beide zu beschäftigt oder von etwas so begeistert, dass dabei die Wahrnehmung des anderen auf der Strecke bleibt. Wirklich miteinander zu reden bedeutet, sich Zeit für den anderen zu nehmen, ihn anzusehen, bei ihm zu sein.

Wir haben so viele gemeinsame Pläne und Ziele und erleben so gerne Neues oder vertiefen Erlebtes oder Beziehungen zu anderen, aber nichts macht einen Sinn, wenn es aus reinem Selbstzweck geschieht. Gut fühlt es sich nur an, wenn wir bei uns sind. Wenn wir unsere Verbindung spüren und in jedem sich bietenden Moment da sind. Nicht irgendwo, sondern genau hier bei uns, nicht in der Zukunft oder im Gestern, auf keinem anderen Planeten oder einem Traum von der Vergangenheit.

Laut einer Studie der Gesellschaft für Konsumforschung im September 2011 reden deutsche Paare inzwischen eigentlich recht viel miteinander: Beinahe jeder zweite Befragte spricht über eine Stunde täglich mit dem Partner. Fast jedes dritte Paar spricht immerhin zwischen 30 und 60 Minuten pro Tag. Im Schnitt kommt die Befragung tatsächlich auf durchschnittlich ca. 100 Minuten täglich, die Paare miteinander kommunizieren. In den Gesprächen geht es bei 47 Prozent der befragten Paare jedoch zum größten Teil um alltägliche Dinge wie die Organisation von Einkauf und Belanglosigkeiten. Nur ca. zehn Prozent der Paare nutzen die Gespräche zum Austausch über Befindlichkeiten und Gefühle. Kommunikation ist also nicht gleich Kommunikation! Und wir können das durchaus bestätigen. Auch wir reden sehr viel miteinander über alles Mögliche, da wir ja häufig auch noch zusammen arbeiten. Während wir jedoch eigentlich den ganzen Tag im Gespräch sind, kann es vorkommen, dass wir vergessen, über die wichtigen Themen zu reden: über uns …

Der Psychoanalytiker Michael Lukas Moeller (der 2002 leider viel zu früh verstarb) hat sich nahezu sein ganzes Leben mit Paarbeziehungen, Liebe und Verliebtheit beschäftigt. Eine seiner wichtigsten Erkenntnisse lautet: »Miteinander reden macht glückliche Paare.« In seiner Praxis hat er mit Paaren sogenannte »Zwiegespräche« eingeführt und erprobt, die Beziehungen lebendig erhalten sollen.

Auch wir geben zu, dass wir es nicht regelmäßig schaffen, schon gar nicht genau nach Plan, diese Zwiegespräche zu führen. Doch wir merken inzwischen instinktiv, wenn es Zeit ist, mal wieder zu reden. Und dann spüren wir, wie vital es unsere Beziehung macht, dass es das gegenseitige Vertrauen und unsere Verbundenheit stärkt.

Kommunikation ist für viele Paare nicht einfach – gerade Männer haben häufig Schwierigkeiten damit. Aber niemand erwartet, dass jeder Mensch gleich ist und von jetzt auf sofort lernen muss, sich »ganz zu öffnen«, um eine gute Partnerschaft zu haben. Manchmal ist es vielleicht besser, wenn man eben nicht gleich am Anfang alles auf den Tisch packt, was so in einem vorgeht.

Für die meisten Menschen ist der Satz »Wir müssen reden« negativ belegt und bedeutet, dass irgendetwas gerade gar nicht gut läuft. Da hört sich »Ich würde gerne mal wieder mit dir alleine was unternehmen« schon besser an, und diese Unternehmung kann auch ein Gespräch sein …

Wenn wir uns Zeit für ein gutes, ehrliches Gespräch nehmen, drücken wir damit auch das Interesse am Partner und an der Beziehung aus und geben damit ganz direkt der Liebe eine Zukunft. Aber Achtung: Dass wir die Gefühle des Partners verstanden haben, bedeutet nicht automatisch, dass wir diese Bedürfnisse erfüllen müssten. Zum Glück reichen Aufmerksamkeit und der Wille zum gegenseitigen Verständnis in den meisten Fällen bereits aus. Oft ist es das, was sich einer der Partner wünscht – egal, ob der männliche oder der weibliche.

Wenn Sie es schaffen, von einem »Wir müssen reden« zu einem »Wir wollen reden« oder, noch besser, zu einem schlichten »Wir reden« zu kommen, ist das eine der wichtigsten und stabilsten Grundlagen für eine glückliche Partnerschaft.

Der Paarpsychologe Moeller hat eine sehr strukturierte Form des Gesprächs entwickelt, die wir Ihnen gerne vorstellen möchten. Ob Sie sich daran halten mögen, überlassen wir Ihnen. Wichtig sind folgende Punkte: Sie sollten nicht einfach drauflos reden, Ihrem Partner nicht ins Wort fallen und einander ausreden lassen. Jeder darf sich Zeit nehmen, das zu formulieren, was er sagen möchte.

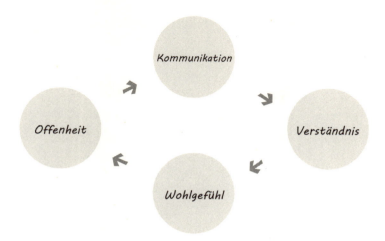

Vielleicht machen Sie sich vorher ein paar Notizen, damit Sie nicht vergessen, was Ihnen wichtig ist.
Denken Sie daran, dass auch regelmäßige Gespräche Zeit brauchen. Wir denken an etwa eine Stunde pro Woche, bei der jeder ausreichend Raum bekommt. Wir teilen uns die Stunde oft auf, damit jeder von uns Zeit hat, die eigenen Gedanken und Gefühle mitzuteilen. Vergessen Sie nicht, auch über Erlebnisse der vergangenen Woche zu sprechen und über Wünsche, die Sie bewegen. Reden Sie über sich und was Sie fühlen, brauchen, denken – nicht, was der Partner getan oder nicht getan hat. Es kann helfen, jeweils mit eigenen Worten zusammenzufassen, was Sie vom Partner verstanden haben, dann weiß dieser, welche »Botschaft« angekommen ist. Sind Sie falsch verstanden worden, kritisieren Sie bitte den Partner nicht, sondern bemühen Sie sich darum, sich verständlich auszudrücken und den anderen mitzunehmen in Ihre Welt. Sie können auch eine Stoppuhr laufen lassen, damit jeder nur die Redeanteile nutzt, die ihm zustehen. Es gibt eben gesprächigere

Menschen, und eine Uhr bewertet nicht, auch nicht die Pausen.

....

ÜBUNG:
Zwiegespräch unter Liebenden und solchen, die es wieder werden wollen

Teilen Sie die Zeit vorab ein, die Ihnen zur Verfügung steht.

- Drücken Sie sich verständlich aus – dabei helfen kurze Sätze und Sprechpausen.
- Sprechen Sie in der Ich-Form, und vermeiden Sie Verallgemeinerungen, Unterstellungen und Anschuldigungen.
- Der Zuhörer fasst kurz zusammen, was er verstanden hat.
- Der Sprecher bestätigt oder korrigiert kurz (Achtung! Zeitlimit einhalten!).
- Nach- und Zwischenfragen sollten vermieden werden
- Erst nach der verabredeten Zeit werden die Rollen von Zuhörer und Sprecher getauscht.

....

Vielleicht klingt das zunächst anstrengend, aber gerade am Anfang ist es sinnvoll, sich an den zu Ablauf halten. Später ist das nicht immer nötig, wir geben gerne zu, dass auch wir uns nicht immer danach richten. Aber denken Sie daran: Gerade zu Beginn dieser Gespräche ist es unglaublich verführerisch, dem anderen zu widersprechen oder sich angegriffen zu fühlen, sich verteidigen zu wollen, Dinge in Frage zu stellen und dabei komplett vom eigentlichen Weg abzukommen. Deshalb lohnt es sich umso mehr, sich für einige Wochen an diese zunächst ermüdend erscheinende, strikte Regelung zu halten. Auch fühlt es sich für manche Menschen unbehaglich an, eine Viertelstunde über sich und die eigene Innenwelt zu reden. Doch das Gefühl verschwindet. Es erweist sich im Gegenteil als eine Bereicherung für unser Selbst, als eine Weiterentwicklung der eigenen Persönlichkeit, für die wir in einer sicheren Partnerschaft diesen Raum finden können. Regelmäßige Gespräche mit unserem Partner über eigene Befindlichkeiten helfen am Ende, etwas zu lernen, das einem bisher vielleicht schwergefallen ist: über sich selbst zu reden.

Es kann sinnvoll sein, wenn sie ein paar Tage vorher das Thema des Gesprächs vereinbaren: Vielleicht möchten Sie zum Beispiel gerne darüber sprechen, worüber Sie sich in der Woche besonders gefreut haben, was Sie (auch außerhalb der Beziehung) erlebt haben und was davon Sie aktuell beschäftigt. Fangen Sie immer mit positiven Themen an – wenn Ihr Partner von Ihnen hört, wofür Sie ihn schätzen und was Ihnen an ihm gefällt, ist er bestimmt eher bereit, Ihnen auch bei schwierigeren Themen zuzuhören.

Sie könnten darüber sprechen, wofür Sie Ihrem Partner dankbar sind. Was Sie mit ihm erlebt haben, wodurch Sie sich geliebt oder ungeliebt gefühlt haben oder was Ihnen miteinander gut gelungen ist. Reden Sie auch darüber, wofür Sie Ihren Partner um Verzeihung bitten möchten. Die Übungen dieses Buches sind ebenfalls eine hervorragende Grundlage für Gespräche – probieren Sie doch einmal aus, gemeinsam mit dem Partner einige der Übungen zu machen, wir sind sicher, es finden sich gute Möglichkeiten für echte Gespräche mit Ihrem Partner.

Vermeiden Sie unter allen Umständen gegenseitige Vorwürfe oder Anschuldigungen. Stellen Sie keine Forderungen oder Ähnliches. Ein Zwiegespräch, wie wir es meinen, sollte die Bindung zueinander stärken und ist keine »Abrechnung« und schon gar kein Gerichtsverfahren, bei dem der Partner der Angeklagte ist. Auch wenn es Ihnen als Zuhörer schwerfallen mag: Vermeiden Sie es unbedingt, das Gehörte klarstellen zu wollen, wenn es Ihrer Meinung nach »falsch« ist. Unterlassen Sie jede Art von abfälligen Gesten, Kommentaren oder entsprechende Mimik, und fallen Sie Ihrem Partner nie ins Wort, solange er redet – stellen Sie nur sicher, dass Sie wirklich verstanden haben, was er sagt. Sie haben anschließend selbst Zeit für Ihre Gefühle und Bedürfnisse.

Natürlich ist das am Anfang eine ungewohnte Situation. Und es kann sogar passieren, dass Sie zunächst Dinge hören, die Sie nicht gerne hören oder die Sie überraschen werden. Doch genau darum geht es ja: dass man einander wirklich näherkommt und nicht nur die Projektion aufrechterhält, wie man sich den anderen vorstellt. Nehmen Sie sich diese Gesprächszeit, und Sie werden feststellen, dass es keine verlorene Zeit ist, denn durch die Stunde, die Sie in »echte Kommunikation« investieren, ersparen Sie sich viele Missverständnisse und damit viel Streit in der Zukunft. Bestimmt wird Ihre Beziehung deutlich besser und liebevoller sein. Auch bei Paaren, die schon länger zusammen sind, kann diese Methode helfen, sich wieder näherzukommen. Rechnen Sie damit, dass Sie möglicherweise mit einem Termin pro Woche nicht auskommen, wenn Sie sich in den letzten Jahren voneinander entfernt haben. Möglicherweise hat sich viel aufgestaut. Da ist vieles unausgesprochen geblieben, das Sie überraschen wird. Doch das ist auch völlig in Ordnung. Reden Sie!

Wenn Sie lernen, offen und ehrlich – und vor allem wertschätzend – miteinander und übereinander zu sprechen, ist das eine sehr gute Voraussetzung für eine tiefe, lange und vertrauensvolle Partnerschaft.

Liebestipp Nr. 2: Kleine Geschenke erhalten die Freundschaft!

Meine Kindheit war im Grunde ziemlich gut. Nur eine Sache ist mir bis heute in Erinnerung: dass ich die Aufmerksamkeit meiner Eltern oft nicht bekam, weil andere Dinge wichtiger waren. Und dass ich an meinem Geburtstag oder Weihnachten häufig enttäuscht war, weil meine Mutter nicht wirklich verstand, was ich mir wünschte oder warum es genau das sein sollte, denn sie war unheimlich gut daran, mir »fast das« zu schenken, was ich mir gewünscht hatte. Und als ich erst mal in der Pubertät war, konnte man mir sowieso nichts mehr recht machen. Also gaben wir beide auf: ich das Wünschen und sie den Versuch, mir etwas zu schenken, das ich mir wünschte.

Später schaffte sie es, sich in meine Lage zu versetzen und mir das zu schenken, was ihr in dieser Situation hilfreich wäre. Damit kam ich zum Beispiel zu einer Nähmaschine, die ich tatsächlich bis heute gut gebrauchen kann – aber auch zu einer Mikrowelle, die ich vermutlich zehnmal benutzt habe, bevor ich sie heimtückisch meinem Ex-Freund schenkte, weil ich von Mikrowellen überhaupt nichts halte. Nach unserem anfänglichen Geburtstagsdesaster erklärte ich meinem Mann, was ich an einem Geschenk wichtig finde und dass es weder etwas mit Opulenz noch mit Kaufkraft zu tun hatte.

Aktiv hier zu sein und unser Leben selbst zu gestalten und zu genießen macht meine Frau am glücklichsten. Und wie durch ein Wunder erfahre ich, was sie sich wirklich wünscht, sei es emotional oder körperlich, wenn ich einfach hinhöre. Das ist immer eine gute Gelegenheit für mich, mir unbemerkt eine kleine Notiz zu machen, auf die ich bei

Bedarf zurückgreifen kann, wenn ich mir mal wieder den Kopf zermartere, was ich ihr wohl zum Geburtstag schenken könnte. In Wahrheit hat sie es mir längst erzählt. Ich brauche nur zuzuhören und bekomme täglich Hinweise. Das Schönste allerdings ist, dass ich inzwischen weiß: Sie wird gerne überrascht. Etwas, das mich selbst eher in leichte Panik versetzt.

Anfangs liebte ich es, wenn Weihnachten näher rückte und mein Göttergatte so überhaupt keine Ahnung hatte, was ich ihm schenken würde, während ich mir beim besten Willen nicht vorstellen konnte, was er mir unter den Baum legen würde. Wir haben uns inzwischen darauf geeinigt, dass nicht jedes unserer Geschenke eine Überraschung sein muss oder sollte, denn ehrlich gesagt, stresst einen das auf Dauer ganz schön: Ständig bibbert man, dass der andere sich das erträumte Ding einfach selber kauft, oder man muss ihn an bestimmten Läden umständlich vorbeilotsen … Auch ist es auf Dauer ganz schön frustrierend, wenn man seinen Partner überraschen möchte und dieser ein sehr guter Detektiv ist! Nichtsdestotrotz ist es einfach wunderbar, wenn man sich nebenbei notiert, was der andere erwähnt hat. Ich weiß noch, wie sehr sich Claudius über den Soundtrack zu einem Film gefreut hat, den er in den 90er Jahren derart oft hörte, dass er die CD kaputt gespielt hat. Es ging nicht um die CD – es ging darum, dass ich allein durchs Zuhören darauf gekommen bin, ihm etwas zu schenken, was ihm etwas bedeutete.

Da ich immer wieder den Drang habe, ganz besonders tolle Sachen oder Geschenke zu machen, berührt es mich jedes Mal, wie sehr sich Nina über kleinste Dinge freut, wenn sie das Gefühl hat: Ich habe ihr zugehört.

Ich stehe dann immer wieder stauend da und denke: »So einfach ist das?«

Wir haben gemerkt, dass es uns beide glücklich macht, wenn wir das Gefühl haben, vom anderen so angenommen zu werden, wie wir sind, und dass man die jeweiligen Bedürfnisse und Gefühle beachtet und schätzt.

Am romantischsten ist wohl ein Geschenk, mit dem der Schenkende überhaupt nichts anfangen kann – der Beschenkte aber sehr wohl. Ich muss allerdings zugeben, dass ich die Ukulele, die ich Claudius zum Geburtstag überreicht habe, inzwischen auch ganz gerne mal in die Hand nehme – obwohl ich genau zwei Akkorde darauf spielen kann. Das größte Geschenk für mich ist dann immer seine Dankbarkeit, wenn ich meinem Mann etwas schenke, das er sich gewünscht hat oder das er gebrauchen kann. Mir macht es Spaß, ihn auch ohne Anlass mit etwas zu überraschen, das ihm sagt: »Ich habe an dich gedacht.«

Es gibt Männer, die glauben, wenn sie ihrer Partnerin ein teures Geschenk machen, dann wird ihre Partnerin sich dieses Geschenk oft ansehen und dann daran erinnert, dass er sie liebt. Ein fataler Trugschluss! Die meisten Frauen sehen ein Geschenk oder eine Geste als das an, was es in dem Moment ist: ein spontaner Ausdruck der Gefühle.

Eine beliebte Geschenkvariante ist ein »Das hätte ich mir gewünscht«-Geschenk. Überraschen Sie Ihren Partner nicht mit etwas, was Ihnen gefällt, es ist ja für den anderen. Auch wenn Sie ein großer Opernfan sind und Ihren Partner dafür begeistern möchten, sind Opernkarten kein gutes Geschenk, denn Sie verknüpfen, vielleicht unbewusst, eine Bedingung damit: den Wunsch an den

Partner, Sie in die Oper zu begleiten. Schön, wenn er sich begeistern lässt für Ihre Leidenschaft – vielleicht gelingt es aber auch nicht. Umgekehrt wird ein Schuh draus: Wenn er Ihnen die Opernkarten schenken würde, dann … Sie können dem Partner auch etwas schenken, mit dem Sie überhaupt nichts anfangen können. Dann schenken Sie eben nur eine Karte und wünschen ihm viel Spaß. Warum nicht? Damit zeigen Sie: Ich akzeptiere dich und deine Bedürfnisse, und ich gönne es dir – selbst wenn ich nichts davon habe. Sie brauchen Ihren Partner ja nicht unbedingt zu begleiten, vielleicht würde es ihn nur ablenken.

Ganz konkret möchten wir Ihnen daher ans Herz legen: Hören Sie Ihrem Partner aufmerksam zu, und gewöhnen Sie sich an, sich Notizen zu machen. Wie oft haben wir geglaubt, wir würden solche Details im Kopf behalten können. Das ist uns nicht oft gelungen. Also: Machen Sie sich einen kleinen Zettel, oder nutzen Sie eine Notiz-App, die Sie für solche Hinweise reservieren. Schreiben Sie regelmäßig auf, wenn Ihr Partner etwas erwähnt, was er sich wünscht oder was er als Kind geliebt hat. Notieren Sie Lieblingsbands, Lieblingsgerichte, Lieblingsblumen, Lieblingsschriftsteller und alles, worüber Ihr Partner sich positiv äußert, und Sie haben sehr schnell einen nahezu unerschöpflichen Fundus an passenden Ideen für kleine und große Geschenke zu jedem Anlass.

Vor einer Falle wollen wir noch warnen: Machen Sie keine Geschenke zu festen Terminen! Wenn Sie zum Beispiel zu Beginn der Beziehung jede Woche Blumen mitbringen, wird die Enttäuschung groß sein, wenn dieses Ritual irgendwann einschläft. Gewöhnen Sie es sich lieber an, Ihren Partner ab und zu mal völlig unerwartet mit einer Kleinigkeit zu überraschen. Schenken Sie keine zu teuren Dinge, vor allem nicht, wenn es Sie finanziell belastet oder bei Ihrem Partner ein schlechtes Gewissen auslöst. Bleiben Sie im Rahmen – dafür aber persönlich. Natürlich ist nicht jeder Mensch ein begabter Musiker, aber manchmal ist schon ein kleiner Extraaufwand, den man betreibt, genau das, was die Wirkung auslöst:

- Ein paar gereimte Zeilen auf einer Haftnotiz
- Eine kleine Zeichnung (ein Herz, eine Blume, eine Karikatur, ein Smiley)
- Eine Blume – auch wenn sie aus dem eigenen (oder Nachbars) Garten kommt
- Ein (selbstgebackener) Kuchen
- Eine Badekugel oder ein Massageöl mit dem Angebot, den anderen zu massieren
- Das Angebot, heute mal für den anderen zu kochen (und aufzuräumen – wenn es sonst meist derselbe ist, der kocht)
- Ein Gutschein für einen Ausflug, den der andere sich wünscht
- Ein Versprechen einer sexuellen Gefälligkeit – warum nicht?

 Alles, das sagt »Ich habe dir zugehört und ich habe an dich gedacht«, ist goldrichtig.

Jedes Geschenk ist eine Möglichkeit, Ihre Zuneigung und Wertschätzung auf eine besondere Art zu zeigen, die immer wieder eine Verbindung zwischen Ihnen herstellen kann und damit die Beziehung auf Dauer stärkt.

Liebestipp Nr. 3: Kritik am Partner ist Selbstzerstörung

Ich habe Claudius früher häufig kritisiert – und ich habe mich wahnsinnig darüber aufgeregt, wie schlecht er mit Kritik umgehen kann. Er wurde jedes Mal ärgerlich, wenn er mir mit etwas auf die Nerven ging und ich ihn darauf ansprach. Dann versuchte er sich herauszureden, suchte äußere Gründe und wurde regelrecht pampig. Das brachte mich auf die Palme! Doch egal, wie sehr ich mich darüber ärgerte: Das würde es nicht verändern. Claudius ist und bleibt nun mal Künstler: Er ist wahnsinnig sensibel – aber nicht immer für seine Umwelt oder die Bedürfnisse seiner Frau. In seiner Welt sind Melodien und Rhythmen wichtiger als so manch anderes, das für die meisten Menschen ganz normal wäre. Irgendwann bemerkte ich: <u>Ich</u> ärgerte <u>mich</u>. Wohlverstanden: Nicht er ärgerte mich. <u>Ich</u> ärgerte mich … Er tat etwas oder er tat es nicht – und ich ärgerte mich. Warum ich jedes Mal hochging? Ich stellte fest, dass ich es offenbar leichter fand, meinen Partner zu kritisieren, als mich zu fragen, warum ich auf bestimmten Sachen bestehen <u>musste</u>. In einem Gespräch mit einem befreundeten Coach wurde mir klar, dass ich ein paar Dinge so viel besser und schneller beherrsche als mein Mann, dass es auf mich wie maximal 33 Prozent Anstrengung wirkte, wo er vermutlich schon 150 Prozent gab. Vor allem aber erkannte ich, dass es in fast allen Fällen in Wahrheit keinen Grund gab, meinen Mann zu kritisieren. Zumindest keinen Grund, mit dem er etwas zu tun hatte. Also begann ich, mir genauer zu überlegen, ob es half, ihn zu kritisieren – oder ob ich in Wahrheit selbst die Quelle meiner Unzufriedenheit war. Es war an mir, mein Denken zu verändern, und dieses veränderte Denken reduzierte die Kritik an meinem Mann um mehr als die Hälfte.

Ein Partner, der den anderen ständig wegen Kleinigkeiten kritisiert oder korrigiert, löst damit auf Dauer ein schlechtes Gefühl beim Partner aus. Dieser wird zwangsläufig irgendwann die Nase voll davon haben und beginnt im schlimmsten Fall, sich zu rächen und ebenfalls nach Kleinigkeiten zu suchen, die er selbst möglichst wirkungsvoll am anderen kritisieren kann. Eine sehr zuverlässige Methode, die Liebe und Wertschätzung für den Partner garantiert zu reduzieren. Denn wir verschwenden nicht nur Lebenszeit und Energie, wir machen ihn damit klein und entwerten ihn – und dadurch auch die Beziehung.

Es gibt durchaus Momente, in denen es gut ist, wenn wir unseren Partner auf etwas hinweisen oder sogar warnen (zum Beispiel wenn er Spinat zwischen den Zähnen hat, die Hose offen steht oder er am Steuer einschläft oder Ähnliches). In den allermeisten Fällen besteht allerdings keine akute »Lebensgefahr«. Wenn der Partner beispielsweise in einem Gespräch ein Wort falsch ausspricht oder verwechselt, warum ist es so wichtig, ihn zu korrigieren? Sind wir an dem Gespräch und der daraus entstandenen Nähe interessiert – oder daran, unserem Partner zu zeigen, dass wir etwas besser wissen? Meist fühlt sich der Korrigierte kritisiert, und die Aufmerksamkeit geht zum Kritiker und der Kritik über. Es lohnt sich daher, sich immer wieder zu fragen: Ist die Kritik berechtigt? Ist die Korrektur wichtig für den Inhalt der Aussage? Oder will ich nur Überlegenheit zeigen?

Kritisieren Sie Ihren Partner, dann bezahlen Sie mit Distanz, schließlich haben alle Menschen die Tendenz, sich von der Quelle der Kritik entfernen zu wollen. Dies ist ein ganz normaler psychologischer Effekt. Wir distanzieren uns zunächst von dem, der uns kritisiert – selbst wenn die Kritik gerechtfertigt ist.

Kritik kann niemals Nähe erzeugen.

Wir alle wollen uns im Leben möglichst gut fühlen, doch das darf nie auf Kosten der Integrität unseres Partners gehen. Darum sollten wir in erster Linie versuchen, jede Beschämung zu vermeiden und Verletzungen des anderen zu verhindern. Hier gilt, was wir uns regelmäßig ins Gedächtnis rufen sollten: Wir sollten jeden so behandeln, wie wir selbst behandelt werden möchten. Die Frage bleibt im Raum: Ist es jetzt wirklich nötig, meinen Partner für irgendetwas zu kritisieren oder ihn zu korrigieren?
Auch bringt es überhaupt nichts, den Partner verändern zu wollen. Daran sind bereits so viele Partnerschaften gescheitert, und doch scheint es immer noch ein Bedürfnis zu sein, bei dem sich viele Menschen nicht zurückhalten können: Der Partner wäre »besser« und man selber wäre glücklicher, wenn er anders wäre.
Natürlich haben wir selbst auch schon solche Gedanken gehabt. Glücklicherweise haben wir es immer wieder geschafft, die Frage zu stellen, ob das wirklich wahr ist: Ist es unbedingt nötig, dass mein Partner die Dinge so anfasst, wie ich es für richtig halte? Oder kann ich seine eigene Art gelten lassen? Ihm seine Eigenart lassen? Auch dann noch, wenn ich bessere, einfachere, effizientere oder elegantere Methoden kenne? Wenn ich es anders machen, sagen oder sehen würde?
Ist das, was mich gerade stört, tatsächlich so wichtig, dass ich es sofort kritisieren muss – oder könnte ich das für einen späteren Augenblick aufsparen? Könnte ich im Vorhinein bereits sagen, wie ich mir etwas wünsche, so dass mein Partner eine Chance hat, sich mir gegenüber gut, aufrichtig, aufmerksam oder fairer zu verhalten?

Was sind meine wirklichen Beweggründe für die Kritik? Möchte ich möglicherweise nur erreichen, dass mein Partner sich schuldig fühlt, damit ich eigene Bedürfnisse leichter durchsetzen kann? Will ich mich für etwas anderes rächen, wo ich zu kurz gekommen bin? Ärgere ich mich über etwas, das schon mein Ex-Partner, ein Elternteil oder Geschwister immer gemacht hat, und ich verwechsle meinen Partner und mich gerade? Übertrage ich meine Sichtweise auf den Partner?

Fast alles, wofür man den Partner unbedingt kritisieren will, ist nach einem ehrlichen Gespräch unerheblich – wenn man bereit und in der Lage ist zu sehen, dass es nichts mit dem Partner, sondern viel mehr mit der eigenen Verfassung zu tun hat.

Je schlechter oder wertloser man sich selbst insgeheim fühlt, desto mehr tendiert man dazu, den Partner zu kritisieren. Man hofft, dass es einem ein Gefühl von Ebenbürtigkeit verleiht, wenn man den Menschen an seiner Seite durch Kritik »kleinmacht«. Doch leider währt die Befriedigung nur kurz, denn man entwertet nicht nur den Partner, sondern auch die Partnerschaft – und letztlich sich selbst –, und treibt sich so nur tiefer in eine Spirale der Selbstentwertung.

Manche Menschen brauchen es, dass ihr Partner in ihren Augen perfekt ist. Es macht sie rasend, wenn er unbeholfen wirkt oder ist oder nicht so reagiert, wie sie es sich von ihm wünschen. Wann immer wir mit Paaren zu tun hatten, bei denen es dieses Grundproblem gab, stellte sich heraus, dass die Ansprüche an den Partner, makellos zu sein, von einem tiefen Minderwertigkeitsgefühl desjenigen rührten, der diese Ansprüche an den Partner hatte. Der Betroffene hat das Bedürfnis, einen »vorzeigbaren Partner« zu haben, weil er selbst sich so unsicher fühlt, so angreifbar, so »unperfekt« und minderwertig. Über den Partner war die Person im Grunde ständig damit beschäftigt, ein makelloses Image aufzubauen. Und dazu gehörte naturgemäß ein makelloser Partner, der immer und in jeder Situation souverän und selbstbewusst agieren sollte. Ein Partner, der etwas »vorzuweisen« hatte in Sachen Karriere und Prestige. Doch nach der beständigen Kritik war von Souveränität keine Spur. Vielmehr fühlte sich der Partner permanent bloßgestellt und vom anderen verraten. Ständig hörte er unterschwellig die Botschaft: »Du bist nicht gut genug.« Unnötig zu sagen, dass diese Beziehung auch sexuell nicht mehr besonders interessant für die beiden Partner war …

Durch Kritik lösen Sie bei Ihrem Partner ein schlechtes Gefühl aus. Er fühlt sich schlecht – und Sie haben das ausgelöst. Es ist wichtig, das so explizit zu wiederholen. Denn wenn wir Menschen auf Partnersuche in unseren Kursen und im Coaching fragen, warum sie sich einen Partner bzw. eine Partnerschaft wünschen, dann kommen wir, wenn wir alle Antworten hinterfragen, auf einen gemeinsamen Nenner, gleichsam die Basis aller Beweggründe: um uns gut zu fühlen.

Wie sinnvoll kann es also sein, wenn wir in einer Beziehung etwas mit unserem Partner machen, wodurch er sich nicht gut fühlt? Wenn wir schlechte Gefühle auslösen? Ihn zum Verursacher eigener negativer Gefühle degradieren, indem wir uns selbst weismachen, er sei schuld daran, dass wir uns schlecht fühlen.

Wir sollten darauf achten, in der Partnerschaft gute Gefühle hervorzurufen. Denn gute Gefühle möchte jeder haben, wir werden zum verlässlichen Quell guter Gefühle und wirken damit anziehend auf den Partner.

ÜBUNG:

Nehmen Sie sich vor, Ihren Partner eine Woche lang nicht zu kritisieren, zu verbessern oder zu tadeln – ganz egal, worum es geht.

Bitte schätzen Sie Ihre Beziehung und den Partner vorher ein:
Ich fühle mich meinem Partner nah:
0 (gar nicht) <-> 10 (sehr)
Mein Partner wirkt auf mich selbstbewusst:
0 (gar nicht) <-> 10 (sehr)
Unser Verhältnis ist vertrauensvoll und ebenbürtig:
0 (gar nicht) <-> 10 (sehr)
Mein Partner geht auf meine Bedürfnisse ein:
0 (gar nicht) <-> 10 (sehr)
Ich fühle mich meinem Partner liebevoll verbunden:
0 (gar nicht) <-> 10 (sehr)

Diese Einschätzung dürfen und sollten Sie ruhig für sich behalten. Zur Übung gehört auch, dass Sie in den nächsten sieben Tagen auf Kritik achten, die Sie hören. Sollte Ihr Partner Sie in dieser Zeit kritisieren: Hören Sie ihm aufmerksam zu, und ziehen Sie in Betracht, dass er möglicherweise recht hat. Nehmen Sie die Kritik an, und kritisieren Sie nicht zurück. Verbessern oder korrigieren Sie nichts, was er sagt oder tut, sondern lassen Sie alles genau so, wie es ist – selbst und gerade wenn Ihnen das schwerfällt. Füllen Sie nach der Woche den vorstehenden Fragebogen erneut aus, und vergleichen Sie die Ergebnisse.

Liebestipp Nr. 4: Nichts ist selbstverständlich – Lob und Dankbarkeit

Wenn ich innerhalb von Berlin umgezogen bin, war ich jedes Mal Feuer und Flamme. Ich hatte das Gefühl, mir den neuen Stadtteil zu erobern. Ich machte Fotos und war schlichtweg begeistert. Hatte ich mich eingelebt, widmete ich meine Aufmerksamkeit nach einiger Zeit wieder vermehrt meinem »eigentlichen« (früheren) Leben: meiner Arbeit, meiner Musik, meinen Zielen. Alles um mich herum blieb wie zuvor, nur ich nahm es nicht mehr so intensiv wahr, mein Fokus veränderte sich. Meine Umgebung wurde uninteressanter. Doch in Wahrheit lag das an mir: Ich wurde uninteressierter.

Auf eine Partnerschaft übertragen, hilft mir dieser Gedanke, mich darin zu üben, meine Partnerin und mein momentanes Leben immer wieder bewusst wahrzunehmen, indem ich mir klarmache, dass nichts selbstverständlich ist. Was für ein Glück es ist, so glücklich und gut leben zu dürfen. In der Lage zu sein, die Nähe meiner Frau zu fühlen. Dankbar dafür zu sein. Das gibt mir ein gutes Gefühl. Ich spüre, dass unser Leben und unser Glück nicht selbstverständlich sind, auch wenn es mühelos scheinen mag. Ich spüre, dass auch ihre Liebe und ihr uneingeschränktes Vertrauen in mich nicht selbstverständlich sind, auch wenn es so aussieht, weil ich beides weder erkämpfen noch erbitten oder mir gar verdienen muss.

Nichts ist selbstverständlich – wir nehmen nur vieles als gegeben hin. Doch wir haben eine Wahl: Wir können unsere Umgebung als selbstverständlich betrachten, oder wir können uns dafür entscheiden, dankbar zu sein oder sogar zu staunen und uns glücklich und beschenkt zu fühlen. Wie wertvoll beispielsweise unsere Gesundheit ist, spüren wir erst, wenn sie angegriffen oder zerstört ist. Wie sehr wir die Vorzüge unseres Lebens genießen, die ständig verfügbare Elektrizität, warmes Wasser, Heizung, Internetanschluss, Telefon, moderne Transportmittel und Lebensmittel, merken wir erst, wenn durch höhere Gewalt etwas davon verknappt wird. Und wie wenig selbstverständlich die Zuneigung einer anderen Person ist, merkt man meistens erst, wenn die Person fort und die Zuneigung verschwunden ist.

In unseren Seminaren zum Thema Partnerschaft und Liebe ist eine der ersten Fragen, die wir Teilnehmern stellen, ob sie an Wunder glauben. Die Antworten sind vielfältig, doch die Mehrzahl der Teilnehmer hat doch eher »Schwierigkeiten« mit dem Begriff und noch mehr mit der Vorstellung, dass einem selbst auch Wunder widerfahren könnten. Unser erstes Lieblingsbeispiel ist dann die Chilipflanze, die wir jeden Sommer in unserem Garten haben: Gewachsen aus einem winzig kleinen Kern, steht sie in derselben Erde, bekommt dasselbe Wasser und dieselbe Sonne wie alle anderen Pflanzen in unserem Garten, und dennoch schafft sie es, aus diesen Gegebenheiten heraus zig höllisch scharfe Chilischoten zu bilden. Wie macht sie das? Natürlich ist die Antwort mancher Klienten dann »Biologie« oder »Chemie« – aber all das sind nur Begriffe. Die Tatsache selbst ist doch »ver-wunder-lich«. Wir sind es nur gewohnt, das so hinzunehmen, und denken gar nicht mehr darüber nach. Ist es nicht ebenso verrückt, wie die Samenzelle eines Mannes und die Eizelle einer Frau zu einer Zelle verschmelzen können, die sich teilt und wieder teilt und wieder … so lange, bis daraus ein kleiner Mensch entsteht? Und dass auch beim kleinsten Zellhaufen jede der wenigen

Zellen bereits weiß, wenn sie sich jetzt noch milliardenfach teilt, dann wird sie später mal das linke Ohr oder ein Zeh oder die Milz … das ist doch eigentlich wirklich verrückt und ein richtiges Wunder.

Natürlich ist das eine Frage der Perspektive – doch wenn man genauer hinschaut, kann man an jeder Ecke etwas entdecken, das ver-wunder-lich, wunder-bar oder verwundernd ist und nur von uns selbst als »normal« oder »alltäglich« betrachtet wird. So kommt es, dass wir vergessen können, wie reich wir sind, wie gut wir es haben und wie zahlreich die Wunder sind, die uns umgeben.

Ob man sich den Luxus des eigenen Lebens und die Wunder der Welt täglich neu vor Augen führen möchte, um sich reich und beschenkt zu fühlen, mag jeder für sich entscheiden. Doch die Wertschätzung für den Partner und seine Zuneigung bewusst zu spüren und die eigene auszudrücken ist eine der wichtigsten Grundlagen für eine lange, glückliche und erfüllende Partnerschaft.

Als ich aufhörte, Claudius zu kritisieren, begann ich etwas anderes zu tun: Ich begann, meinen Mann zu loben und ihm zu danken, auch für Dinge, die eigentlich »selbstverständlich« waren. Ich begann, ihm zu danken, wenn ich bemerkte, dass er in meiner Abwesenheit geputzt oder gewaschen hatte, dass er mit dem Hund rausging, wenn ich müde war, oder wenn er mich an etwas erinnerte, das ich zu organisieren versprochen hatte. Ich lobte ihn unermüdlich für alles, was mir gefiel, und suchte auch konkret nach Dingen, die ich loben konnte. Und tatsächlich fand ich immer mehr …

Die Wirkung war verblüffend: Er freute sich nicht nur über meine Wertschätzung, sondern er tat alles mit wachsender Begeisterung. Und er begann, mich im Gegenzug zu loben und mir zu danken, für Dinge, die ich aus meiner Sicht völlig selbstverständlich tat.

Anstatt zu kritisieren, was uns missfällt, loben wir uns gegenseitig. Das genießen wir beide sehr, denn wir spüren, dass wir uns dadurch beide besser fühlen. Wir schenken dem Partner gute Gefühle, und bei uns selbst stellen sich gute Gefühle ein.
Mit anderen Worten:

Wenn ich meinem Partner durch Lob, Wertschätzung und Dankbarkeit zu erkennen gebe, was mir gefällt und worüber ich mich freue, wird er von ganz alleine darauf kommen, dass er mich auf diese Weise glücklich macht.

Wir meinen mit Lob allerdings nicht aufgesetzte Sprüche wie »Das hast du aber fein gemacht« oder gezielte Schmeicheleien, um den Partner zu manipulieren, sondern ein echtes Gefühl der Wertschätzung, das wir unserem Partner entgegenbringen. Diese Wertschätzung kann dann nicht nur der Partner fühlen, sondern es fällt auch etwas auf uns zurück.

Immer wenn wir unseren Partner für etwas wertschätzen, spüren wir selbst die Liebe und Wertschätzung für ihn in uns.

Es ist wie eine Art Dünger für die Liebe, die wir in uns spüren können.
Es kann so einfach sein, den Wunsch, »sich für die Liebe zu entscheiden«, im Alltag umzusetzen. Die Wirkung ist jedenfalls nachhaltig und wirklich verblüffend. Wer sich

vornimmt, Dinge zu sehen, für die er dankbar ist, wird unendlich viele Möglichkeiten entdecken. Und weil wir alle gerne gelobt werden wollen, werden wir automatisch anfangen, Dinge zu tun, für die wiederum wir gelobt werden könnten.

Dankbarkeit dem Partner gegenüber ist eine wichtige Übung für eine dauerhaft erfüllte Beziehung. Denn Dankbarkeit ist grundsätzlich auch eine gute Methode, um unser eigenes Bewusstsein auf unser Glück und den inneren sowie äußeren Reichtum zu lenken. Sie erinnert uns immer wieder daran, dass es eben nicht »selbstverständlich« ist, wenn man mit seinem Partner glücklich und zufrieden ist.

Wenn Sie das Gefühl verspüren, in einer Art Hamsterrad gefangen zu sein, halten Sie einfach für einige Minuten inne und konzentrieren sich nur auf sich und den Ort, an dem Sie sich gerade befinden. Es kann Ihr Zuhause sein, oder Sie befinden sich gerade in der Natur, im Garten, Park, Wald oder sind unterwegs.

Wenn wir innehalten und uns erlauben, das Wunder des Lebens und das Geschenk der Liebe bewusst zu fühlen, dann verspüren wir eine wohltuende Wärme, die durch unseren Körper und unsere Gedanken strömt. In dem Maß, wie wir es schaffen, uns zu entspannen, kehren das Bewusstsein und die Wertschätzung für alles Lebendige um uns her zurück. Wir werden dankbar, und wir sehen klar, wie glücklich wir mit unserem Partner sein dürfen. Es gibt so viele Möglichkeiten!

Diese Art des Denkens in den Alltag zu integrieren kann zunächst schwerfallen, das wissen wir. Viele unserer Klienten sind nach dem Motto erzogen worden: »Nicht geschimpft ist schon gelobt.« Tatsächlich haben die meisten von uns bereits in der Kindheit erfahren, dass sie deutlich häufiger kritisiert als gelobt wurden. Meist fällt ein Mangel eben eher auf als die Fülle um uns: Schade eigentlich ... In vielen Managementkursen der letzten Zeit lernen Chefs, wie man Mitarbeiter durch das richtige Verhältnis von Lob und Kritik motiviert. Demnach sei das optimale Verhältnis 4:1. Mit anderen Worten: Hat man dem Mitarbeiter gegenüber vier lobende Wertschätzungen ausgesprochen, ist es in Ordnung und fruchtbar, eine Sache zu kritisieren, die verbesserungswürdig ist.

ÜBUNG:

Wenn Sie bereits geübt haben, auf Kritik zu verzichten, wird Ihnen diese Übung nicht mehr schwerfallen: Beginnen Sie in dieser Woche bewusst, sich beim Partner zu bedanken und ihn zu loben. Bringen Sie Ihrem Partner gegenüber mindestens dreimal pro Tag Ihre Wertschätzung zum Ausdruck. Sie werden sehen, das geht Ihnen schnell in Fleisch und Blut über, und es wird Ihnen auch in der Zukunft nicht schwerfallen. Füllen Sie nach den zwei Wochen nochmals den Fragebogen oben aus, und vergleichen Sie die Werte. Vermutlich werden Sie feststellen, dass Ihr Bild von Ihrem Partner und Ihr Verhältnis zueinander sich positiv gewandelt haben. Eigentlich ganz einfach – und so wirkungsvoll ...

Liebestipp Nr. 5: Die drei Planeten, auf denen wir leben

Hat meine Frau mal schlechte Laune, hat das fast nie etwas mir zu tun: Ich würde nichts tun, um sie zu ärgern. Wenn sie sich über etwas ärgert, was ich getan habe, dann ist es also nur ein Missverständnis. Anstatt mich zu fragen, ob sie vielleicht (irrtümlich) sauer auf mich ist, und in eine Verteidigungshaltung zu gehen, erinnere ich mich daran, dass ich sie liebe, und frage mich zum Beispiel: Wie geht es ihr gerade? Ist sie müde? Hat sie Hunger? Durst? Hat sie ihre Tage? Wie läuft es bei ihrer Arbeit? Hat sie Sorgen oder Schmerzen … Fühlt sie sich allein? Meist hilft dann schon eine Tasse Tee, die ihr zeigt: Egal, welches Problem du gerade hast, ich liebe dich, und du bist mir wichtig.

Hat mein Mann mal schlechte Laune, so hat das fast nie etwas mit mir zu tun … Das haben Sie sich wahrscheinlich schon gedacht. Manchmal bezeichne ich meinen Mann liebevoll im Scherz als »Außerirdischen«, denn vergräbt er sich in einem seiner musikalischen Projekte, fällt es sogar mir schwer, ihm gedanklich zu folgen. Selbst wenn ihm danach ist, zu kommunizieren, denn dann hat er eine ganz eigene Art, mit seiner Umwelt umzugehen. Ich gehöre dabei eindeutig zu dieser »Umwelt«, und ab und zu stellt er mit Erstaunen fest, dass ich ein von ihm losgelöstes Leben habe und eigene Bedürfnisse, die sich nicht in jedem Moment mit seinen decken …

Dabei muss es keinesfalls nur um »schlechte Laune« gehen. Wer kennt das nicht, dass der Partner eine Leidenschaft oder Vorliebe, die man hat, für sich selber nicht nachvollziehen kann. Dass man sich wünscht, der andere möge mehr Ver-

207

ständnis aufbringen für das, wofür man sich selbst begeistert oder was einem wichtig und lieb ist.

Wir haben alle eine eigene Welt in unserem Kopf, und manchmal müssen wir auf unangenehme Weise erfahren, dass sich dennoch die Welt nicht um uns dreht. Zeugt es von schwachem Selbstbewusstsein, wenn ich alles auf mich beziehe? Oder von verzerrter Selbstwahrnehmung? Nein, wir tendieren generell dazu, uns zu viele Gedanken zu machen, wenn wir uns »betroffen« fühlen. Als Kinder glauben wir, dass alles, was um uns her passiert, mit uns zu tun hat. Kinder beziehen alles auf sich, und im Zuge des Erwachsenwerdens lernen wir (manchmal auch schmerzhaft), dass dem nicht so ist. Und doch laufen wir immer wieder Gefahr, das zu vergessen.

Es ist erleichternd, sich dann daran zu erinnern: Für niemanden auf der Welt – nicht einmal für meinen Partner – bin ich so wichtig wie für mich selbst. Und das bedeutet nicht, dass mein Partner mich nicht liebt. Im Gegenteil. Hat man diesen Gedanken verdaut, ist das Ergebnis befreiend. Ist es nicht ein Glück: Was um mich her passiert, hat in den allermeisten Fällen nichts mit mir zu tun. Menschen leben und tun pausenlos irgendwelche Dinge. Manche davon bemerke ich, andere nicht. Manche gefallen mir, andere nicht. Mein Partner ist einer dieser Menschen. So hat auch der Partner (ein Recht auf) ein eigenes Leben, eine eigene Gedankenwelt und ist mit dieser beschäftigt. Missverständnisse und Ärger entstehen erst, wenn wir denken: »Das tut er doch nur, um mich zu ärgern.« Dabei hat der andere vielleicht schlechte Laune, weil er selbst gerade einen Fehler gemacht oder gerade einfach ganz andere Gedanken im Kopf hat. Und das hat gar nichts mit uns zu tun.

Wer akzeptieren kann, dass jeder Mensch in seiner Welt lebt, in der er der Mittelpunkt des eigenen Universums ist, der wird leichter damit umgehen können, wenn etwas nicht nach seinen Wünschen oder nach seinem Plan läuft. Jeder Mensch hat seine Geschichte und entwickelt daraus eigene Gründe, Sorgen, Ängste, Bedürfnisse, Motive – auch wenn sie uns als Außenstehenden noch so absurd, unlogisch oder sogar falsch erscheinen. Für den Betreffenden ist es die Realität.

Gehen zwei Menschen eine Beziehung ein, gibt es im Leben dieser Menschen plötzlich drei Welten: Es gibt die jeweilige Welt der beiden Partner und die gemeinsame. Es gibt sogar ein gemeinsames Unterbewusstsein. Mit der Zeit entwickeln die beiden Partner eine gemeinsame Sprache, einen gemeinsamen Humor, eine gemeinsame Geschichte. Es entstehen »Geheimcodes«, es reichen Anspielungen, Worte, bei denen nur die beiden Beteiligten wissen, was gemeint ist. Es entwickeln sich Vorlieben und Projekte, die nur als Paar wahrgenommen werden und durch die Partnerschaft selbst überhaupt erst entstanden sind. Dies ist gewissermaßen der Planet, auf dem das Paar gemeinsam lebt. (Ganz zu schweigen von den Welten, die mögliche Kinder dazu beitragen.)

Jenseits des gemeinsamen Planeten kreisen wir aber noch um die ursprünglichen Planeten, und es ist wichtig, dass jeder von uns seine Bedürfnisse und eine eigene Geschichte hat, die für ihn wichtig ist und die nicht verloren gehen darf.

Erfreuen Sie sich an der Existenz dieser drei Planeten, und besuchen Sie sie regelmäßig: Wenn Sie zu viel Zeit auf dem gemeinsamen Planeten verbringen, vernachlässigen Sie Ihre eigene Kultur. Doch wenn Sie glauben, Sie könnten die Pflege des gemeinsamen Planeten Ihrem

Partner überlassen, wundern Sie sich nicht, wenn Sie sich dort nicht richtig heimisch fühlen. Es ist wichtig, sich immer wieder bewusst zu machen, dass es eigene und gemeinsame Bedürfnisse gibt – und dass es neben dem Ich auch ein Du und ein Wir gibt. Alle drei Bereiche müssen für eine »gesunde« Beziehung erhalten bleiben, damit eine Partnerschaft auf Dauer bestehen kann.

Verbringen Sie deshalb regelmäßig Zeit alleine – ohne Ihren Partner. Führen Sie mal ein »Männer-Wochenende« oder »Frauen-Wochenende« ein, wo Sie mit jemand anderem vielleicht sogar einen Urlaub machen. Oder gönnen Sie sich selbst etwas, was Ihr Partner ohnehin nicht genießen würde. Reservieren Sie sich ganz gezielt Freiräume – auch wenn es vielleicht zunächst gar nicht so erscheint, als ob Sie das bräuchten. Es aktiviert das Potenzial für ein Gefühl, das Treibstoff ist für lange Verliebtheit: Sehnsucht!

Wir machen sehr, sehr viel zusammen, und eigentlich hassen wir es, voneinander getrennt zu sein – und genau das ist der Grund, warum wir es immer wieder tun: um es spüren zu können. Würden wir immer nur zusammenhängen, würden wir gar nicht merken, dass wir Sehnsucht nach dem anderen haben, dass wir nicht gerne voneinander getrennt sind. Wir merken auch: Wenn wir zu lange aufeinanderhängen, nehmen wir uns und die Zeit, die wir miteinander haben, zu leicht als selbstverständlich wahr und wir verbringen Sie nicht »wertvoll« miteinander. Das ist unser zweiter Tipp in dieser Angelegenheit: Sorgen Sie auch dafür, dass Sie regelmäßig wertvolle Zeit miteinander verbringen – dass Sie etwas Schönes miteinander erleben. Unternehmen Sie häufig etwas zusammen, das Ihnen beiden gut gefällt, und bringen Sie Abwechslung in Ihren Alltag. Das sorgt dafür, dass Sie sich mit Ihrem Partner verbunden fühlen, und in »schwierigen« Zeiten haben Sie genug positive Bilder voneinander im Kopf, um die Partnerschaft als wertvoll zu betrachten. So kultivieren Sie einen interessanten und schönen gemeinsamen Planeten.

Aus den USA kennen wir das Prinzip der »Date-Night«: ein regelmäßiger Termin, an dem ein Paar miteinander »verabredet« ist und miteinander ausgeht. Und zwar auch und gerade Paare, die schon länger zusammen sind. Natürlich verliert dieses Ritual seine Wirkung, wenn es nur noch eine »Pflicht«, eine Routine ist. Sorgen Sie daher für Abwechslung, und verabreden Sie sich regelmäßig mit Ihrem Partner zu Unternehmungen, an denen Sie Spaß haben.

∙∙∙

ÜBUNG:

Mein – Dein – Unser
Überlegen Sie mal: Was ist »typisch« für Sie – und was für Ihren Partner?
Was sind Vorlieben, Abneigungen, Bedürfnisse, Marotten, die nur Sie haben? Welche hat nur Ihr Partner? Welche haben Sie gemeinsam? Gibt es Leidenschaften oder Dinge, die Sie gemeinsam entdeckt oder entwickelt haben und die es vorher nicht gab?
Machen Sie sich die unterschiedlichen Anteile bewusst, und pflegen Sie sowohl das Eigene als auch das Gemeinsame. Lernen Sie, das »Eigene« Ihres Partners zu akzeptieren, so wie Sie sich wünschen, dass er Ihr »Eigenes« ebenfalls akzeptiert.
Machen Sie sich beide eine Liste von Dingen, die Sie ger-

Deins   Meins

Unseres

ne unternehmen würden, und markieren Sie die Dinge, die Sie gerne mit Ihrem Partner unternehmen möchten. Bestimmt gibt es genug Gemeinsamkeiten, und manches, das Sie sich mit Ihrem Partner wünschen, ist nicht in seinem Interessengebiet – aber er würde es Ihnen gönnen und muss nicht dabei sein. Genauso kann es andersherum sein: Vielleicht hat Ihr Partner einen Wunsch oder ein Interesse, das Sie nicht lockt. Lassen Sie ihm doch mit jemand anderem diesen Spaß. Wir kennen Paare, bei denen ein Partner gerne tanzt, während der andere ein Tanzmuffel ist und überhaupt keine Freude daran hat. Was spricht denn dagegen, wenn der Tanzfreudige dann eben mit jemand anderem tanzen geht?

Liebestipp Nr. 6:
Alles sagen und »spinnen« dürfen

In früheren Partnerschaften habe ich es oft erlebt, dass zunächst meine Eltern und dann später meine Partnerinnen an meine Vernunft appellierten. Ich bin nun mal ein Mensch, der gerne »spinnt« und sich alle möglichen Sachen ausmalt, auch wenn diese vielleicht nicht sehr realistisch erscheinen. Doch wurde ich immer wieder – manchmal auch sehr unsanft – auf den »Boden der Tatsachen« zurückgeholt. Und so blieb es dann meist beim »Träumen«.

Eines durfte ich dabei jedoch lernen: Nur zu träumen und in schönen Bildern zu schwelgen macht auf Dauer krank, raubt Kraft und zerstört letzten Endes die Beziehung, da die Energie nicht in Handlungen umgesetzt wird. Wie oft habe ich diese Sätze wie ein Mantra gehört:

– Das schaffen wir nicht
– Das ist zu teuer
– Das ist nichts für uns
– Das können wir uns nicht leisten

Und dieses Wiederholen hielt uns klein. Am Ende blieb es beim Träumen. Aber nicht bei der Beziehung.

Mein Mann ist ein Träumer – ich liebe ihn dafür. Ich habe lange genug mit Werbung zu tun gehabt, um zu wissen, dass manches Mal die absurdeste Idee im Brainstorming genau die ist, die am Ende der Grundstein für die Lösung oder (im Fall der Werbung) die neue Kampagne sein wird. Natürlich sollte man einigermaßen vernünftig sein, aber das heißt doch nicht, dass man nicht ein bisschen spinnen darf? Als Claudius zum ersten Mal erwähnte, dass er gerne auf dem Land leben würde, dachte ich genau das: Der spinnt. Aber heute liebe ich unser Haus, unseren Garten – unser Leben auf dem Land. Jedes Mal, wenn ich in mein Hamburger Büro fahre und aus dem Fenster in die Wohnungen gegenüber sehe, denke ich mir: Da würden mich keine zehn Pferde mehr hinkriegen!

Wir haben in den letzten Jahren gemeinsam so viel gesponnen und davon aber auch so viel umgesetzt und erlebt, dass wir inzwischen so gut wie nichts mehr für unmöglich halten. Warum sollte man nicht den Winter in der Karibik verbringen können? Wer sagt denn, dass Uwe Seeler nicht bei einem Lied über Fußball mitmachen würde, wenn es zugunsten seiner eigenen Wohltätigkeitsstiftung ist? Was spricht dagegen, einfach mal nachzufragen, etwas durchzurechnen, sich mal schlauzumachen? Die quasi wichtigste Frage für uns ist inzwischen: »Warum eigentlich nicht?«

Wenn ich mit Bekannten spreche und Sätze höre wie »Damit brauche ich meinem Mann nicht zu kommen« oder »Meine Freundin würde mich für verrückt erklären«, kann ich nur den Kopf schütteln.

Wer sich tatsächlich auf den Weg zum Ziel macht, erhält neue Kraft aus der Begeisterung, aus der Möglichkeit, tatsächlich einen Traum verwirklichen zu können. Wir Menschen sind wesentlich fähiger und können viel mehr, als viele es im Allgemeinen von sich annehmen. Doch wer sich nie traut, wird auch nicht erfahren, wie stark er selbst ist – und wie stark die Partnerschaft. Das Motto: Wer nicht wagt, der nicht gewinnt.

Inzwischen erkennen auch die Menschen in unserem Umfeld, dass zwischen unserer Einstellung, unseren Glaubenssätzen und dem, was dabei herauskommt, ein großer Zusammenhang besteht. Unser Motto, das wir gerne mit Ihnen teilen: Du bist, wer du glaubst zu sein. Du kannst das erreichen, was du dir vorstellen kannst. Das ist kein esoterischer Quatsch, sondern eine jahrtausendealte Weisheit.

Jeder Tischler, Sportler, Musiker, Zahnarzt, Politiker, jede Hausfrau, jeder Koch und Handwerker, jeder Mensch, der etwas machen möchte, geht doch im Grunde so vor: Erst stellt er sich vor, wie er es machen könnte, und dann tut er es (manchmal). Der Plan wird in die Realität umgesetzt. Dem Sein geht ein Gedanke voraus. Wie albern wäre es da, die eigenen Gedanken von vornherein zu zensieren?

Unseren Träumen nähern wir uns an, indem wir alles sagen dürfen, ohne uns in unseren Fantasien zu beschneiden. Wir nennen diese Art Austausch unter uns Brainstorm-Gespräch: Alles ist erlaubt, jeder Gedanke darf ausgesprochen werden, die »abstrusesten« Ideen dürfen durchgespielt werden. Das gönnen wir uns so oft wie möglich, und wir sind beeindruckt, was wir damit erreichen.

Lassen auch Sie in Ihrer Partnerschaft Fantasie und Kreativität zu. Prüfen Sie nicht alles auf Plausibilität, sondern spinnen Sie ruhig mal kräftig – mit dem Partner. Sie werden überrascht sein, wie viel in Ihnen beiden steckt, wenn Sie nicht (mehr) darüber nachdenken müssen, ob Ihr Partner das gut fände oder albern, ob er Sie für verrückt erklären würde. Wir sind überzeugt, dass dies das beste Mittel gegen den Liebeskiller »Visionslosigkeit« ist, und Sie werden bestimmt erstaunt sein, wie viel Energie es in Ihre Partnerschaft bringt, wenn Sie regelmäßig miteinander »herumspinnen«.

215

ÜBUNG:

Ein guter Anfang für alle, die damit noch nicht so viel Erfahrung haben (aber auch eine nette Übung für alle, die mal wieder aus dem Vollen schöpfen möchten), ist es, mal ein »Spinnergespräch« zu führen. Man stellt eine gewisse Voraussetzung in den Raum und spinnt darum herum, was man tun würde, wenn ... Um so richtig in Fahrt zu kommen, hier ein paar Ausgangsideen für Spinnerte:

- Was würden Sie tun, wenn Sie bei einer guten Fee drei Wünsche frei hätten?
- Was würden Sie tun, wenn Sie plötzlich eine Million Euro gewonnen oder geerbt hätten?
- Was wäre, wenn Sie für Ihr nächstes Vorhaben eine »Erfolgsgarantie« bekommen könnten?

Ihnen sind keine Grenzen gesetzt. Nicht in der Fantasie. Eine weitere Möglichkeit, die wir auch im Coaching oft anwenden, ist die bereits erwähnte »Löffelliste«, Sie erinnern sich? Schreiben Sie auf eine Liste 30 Dinge, die Sie gerne erleben, tun, haben oder erreichen möchten, bevor Sie »den Löffel abgeben«. Ob das große oder kleine Dinge sind, ist dabei völlig egal – und wenn es am Ende nur 29 oder gar 100 sind – ist auch völlig egal. Legen Sie einfach los!

Anstatt einen Abend vor dem Fernseher zu vertrödeln, können Sie mit Ihrem Partner mal im eigenen Kopf und in der eigenen Fantasie zappen. Machen Sie jeder eine Löffelliste, und dann brainstormen Sie: Erzählen Sie sich, was auf Ihren Löffellisten steht, und spinnen Sie Gedanken weiter, die sich vielleicht gut ergänzen, oder Ideen und Wünsche, die Sie beide haben. Lassen Sie dabei alles zu – es gibt kein »geht nicht«, alles ist erlaubt. Machen Sie dann eine gemeinsame Löffelliste mit mindestens zehn Punkten. Das müssen nicht einmal Punkte aus Ihren beiden Listen sein. Vielleicht hat sich im Gespräch etwas Neues ergeben, etwas Gemeinsames …

Nun, wie hat Ihnen das gefallen? Sind alle Punkte wirklich unrealistisch? Das haben wir zunächst auch gedacht. Interessant dabei ist allerdings, dass diese Übung den Blick für die eigenen und gemeinsamen Wünsche und Bedürfnisse schärft. Wenn wir wissen, wovon wir träumen, bringt uns das einander näher, und es ergeben sich Möglichkeiten, die Sie verblüffen werden. Gerade Ihr Partner kann derjenige sein, der Träume wahr werden lassen kann – wenn er nur weiß, wovon Sie träumen!
Also trauen Sie sich ruhig: Träumen und spinnen Sie gemeinsam mit Ihrem Partner. Trauen Sie sich auszusprechen, was Sie schon immer gerne mal tun, haben oder erleben wollten. Das heißt ja nicht, dass es passieren muss, aber manchmal werden Wunder wahr.
Ganz wichtig ist hier allerdings auch der Punkt, den Partner nicht zu kritisieren. Wenn Ihr Partner einen Punkt auf seiner Löffelliste hat, der Ihrer Meinung nach nicht zu Ihrer Beziehung passt, dann bestrafen Sie ihn nicht dafür. In einem Brainstorming wird jede Idee gehört, man muss sie deshalb noch lange nicht umsetzen.

Ihre Löffelliste

1. ....
2. ....
3. ....
4. ....
5. ....
6. ....
7. ....
8. ....
9. ....
10. ....
11. ....
12. ....
13. ....
14. ....
15. ....
16. ....
17. ....
18. ....
19. ....
20. ....
21. ....
22. ....
23. ....
24. ....
25. ....
26. ....
27. ....
28. ....
29. ....
30. ....

Seine Löffelliste

1. ....
2. ....
3. ....
4. ....
5. ....
6. ....
7. ....
8. ....
9. ....
10. ....
11. ....
12. ....
13. ....
14. ....
15. ....
16. ....
17. ....
18. ....
19. ....
20. ....
21. ....
22. ....
23. ....
24. ....
25. ....
26. ....
27. ....
28. ....
29. ....
30. ....

Gemeinsame Löffelliste

1. ....

2. ....

3. ....

4. ....

5. ....

6. ....

7. ....

8. ....

9. ....

10. ....

Liebestipp Nr. 7:
Geben, nehmen und teilen

»Danke, es geht schon.« Wenn einer von uns heute mal »versehentlich« diesen Satz sagt – oder wir ihn woanders hören –, müssen wir immer lachen. Denn irgendwann habe ich erkannt, dass dieser Satz so etwas wie eine unbewusste, automatische Waffe gegen alle Arten von liebevollem Verhalten ist. Meistens fällt das dem Menschen, der den Satz ausspricht, nicht einmal auf (ist es mir auch lange nicht), doch im Grunde bedeutet er: Ich mache das allein, ich will deine Unterstützung nicht, ich will deine Hilfe nicht. Das gilt sowohl für Hilfsangebote von Fremden als auch in der Partnerschaft.

Natürlich geht es auch allein, aber genau dafür sind wir doch zu zweit: Es soll eben nicht nur eben mal so gehen. Ich bin froh, wenn ich Nina bei irgendwas helfen oder unterstützen kann. Sie ist sehr selbständig und regelrecht darauf programmiert, Dinge selbst in die Hand zu nehmen. Aber wenn sie sich von mir unterstützen oder auch nur in den Mantel helfen lässt, dann spüre ich Verbundenheit – ich spüre meine Liebe zu ihr, wenn sie annimmt, was ich ihr geben möchte.

Es hat eine Weile gedauert, bis ich das verstanden habe: Etwas anzunehmen – und sei es nur die Geste meines Mannes, mir in den Mantel zu helfen – ist im Grunde ein Geschenk, das ich ihm mache. Denn er gibt mir aus Liebe etwas, tut mir aus Liebe etwas Gutes, und ich kann seine Liebe für mich spüren, wenn ich es zulasse. Jedes Mal, wenn ich ablehne, weise ich auch seine Liebe zurück …

Jede Partnerschaft besteht aus Geben, Nehmen und Teilen. Und alle drei Dinge sind gleich wichtig.

Das Geben

In einer Partnerschaft hat jeder die Pflicht, sein Bestes zu geben. Irgendwo haben wir mal gelesen, in einer guten Partnerschaft gäbe jeder 51 Prozent. Was nichts anderes meint, als dass jeder der beiden Partner bereit sein sollte, ein bisschen mehr als nur die Hälfte zu tun – nicht viel mehr, aber eben ungefähr dieses eine Prozent extra …

Das Geben allerdings sollte frei sein von jeder Erwartung. Wenn wir unserem Partner etwas geben, dann sollte es immer aus freien Stücken und von Herzen sein. Wer eine Gegenleistung erwartet, kann nur verlieren. Viele Menschen machen den Fehler, dass sie auch in der Partnerschaft aufrechnen, so dass die Beziehung zum Tauschgeschäft wird. Sie zählen quasi im Hinterkopf mit, was sie dem Partner geschenkt haben, wo sie auf seine Wünsche eingegangen sind, wann sie etwas für den anderen getan haben, und so weiter. Und sie rechnen dagegen, was der Partner ihnen geschenkt hat, wo er auf Wünsche einging und was er im Gegenzug getan hat. Eine Rechnung, die gar nicht aufgehen kann, denn jeder empfindet Handlungen anders, das ist ohnehin nicht messbar. Wer will schon erahnen, bei welchem Akt des Gebens der Gebende sich wohl gefühlt hat und wie er seine Zuneigung und Liebe dabei spüren und ausdrücken konnte – und wo er das Gefühl hatte, einen Verzicht zu erleiden?

Lernen Sie, aus der Freude am Geben zu geben – aus der Lust zu spüren, wie schön es ist, sich durchs Geben bereichert zu fühlen.

Das Nehmen

Es gibt Menschen, die geben und geben und geben – und nie etwas zurückbekommen. Es scheint, als seien sie unglaublich selbstlos und der Partner ein elender Egoist, der nur nimmt und nie gibt. In jedem einzelnen Fall haben wir festgestellt, dass die gebende Person einfach nicht gut annehmen konnte …

Das Annehmen ist jedoch genauso wichtig wie das Geben – denn was soll mit allem Gegebenen passieren, wenn niemand da ist, der es annimmt?

Wir hatten ein Paar in unserem Freundeskreis, das genau daran gescheitert ist: Beide konnten ihrer Liebe am besten über das Geben Ausdruck verleihen. Sie machte gerne Geschenke, tat Gefallen und konnte nicht nein sagen. Er half, gab und reparierte, wo immer er konnte. Nur leider konnten sie beide viel besser geben als annehmen. Die Beziehung scheiterte in erster Linie an einem riesigen Berg getaner Gefallen und aufgehäufter Gefühle, die keiner von beiden annehmen konnte, und dem entsprechenden Frust darüber, sich vom jeweils anderen nicht wertgeschätzt, sondern eher bedrängt und überrumpelt zu fühlen durch all die vielen Gaben und ungewollten Hilfeleistungen.

Erkennen Sie, dass Ihr Partner die Liebe, die er für Sie spürt, ausdrücken möchte. Jede seiner Handlungen ist ein Versuch, Sie zu erreichen, sich Ihnen nahe zu fühlen und Sie zum Lächeln zu bringen. Es ist ein Akt der Liebe, anzunehmen, was Ihr Partner Ihnen geben möchte. Wenn Ihr Partner gibt, dann nehmen Sie an: Hilfe, Geschenke, Komplimente, ganz gleich, was es ist. Erfüllen Sie Ihrem Partner diesen Wunsch – und akzeptieren Sie sein Geschenk mit einem Lächeln!

Wenn Sie jemand sind, der selbst nicht gut annehmen kann, machen Sie es sich immer wieder klar: Das Annehmen ist in einer Beziehung genauso wichtig wie das Geben. Nur durch Ihr Annehmen kann Ihr Partner geben und damit seine Liebe zu Ihnen spüren und ausdrücken.

Das Teilen

Beim Teilen denken die meisten Menschen daran, ihre Freude zu teilen. Das sollte in einer Partnerschaft absolut selbstverständlich sein. Doch in einer echten Partnerschaft bezieht sich Teilen eben nicht nur auf die positiven Dinge im Leben.

Uns kommt es so vor, als habe der Zeitgeist zu einem Ungleichgewicht geführt: Alle müssen etwas leisten, und wir alle haben den Anspruch, uns jederzeit gut zu fühlen. Unsere dunklen Momente und unsere Schattenseiten haben wir in den Keller verbannt. Fühlen wir uns nicht so gut, muss ein Medikament her – oder ein Glückstee, vielleicht auch ein, zwei Bierchen. Die zur Verfügung stehende Palette an gesellschaftlich akzeptierten und gesetzlich erlaubten Substanzen ist riesengroß, so dass wir nicht in Gefahr geraten, uns schlecht fühlen »zu müssen«.

Das beraubt unser Dasein jeglicher Tiefe und Echtheit und hat Einfluss bis hinein in unsere Beziehungen. Wenn ich bemüht bin, meinem Partner nur die guten Seiten zu zeigen und mit ihm nur gute Augenblicke zu erleben, wie echt bin ich dann? Wie breit und belastbar ist mein Band der Liebe? Teile ich mit ihm meine Erfolge und verheimliche Misserfolge?

Alles teilen heißt: auch die unschönen Facetten des Lebens mit dem Partner teilen. Wir haben es früher zum Beispiel beide gehasst, Steuererklärung und Buchhaltung zu machen – und wollten auch den Partner nicht damit belasten. Inzwischen haben wir einen Trick: Steuer-Angelegenheiten sind zwar langweilig, aber wenn wir uns dabei Gesellschaft leisten, ist es nur noch halb so schlimm. Es ist nicht Ihre Aufgabe, Ihren Partner vor allem zu bewahren, was Sie innerlich beschäftigt – und es verbessert auch nicht Ihre Beziehung. Stellen Sie sich vor, eine Sorge belastet Sie, Sie wollen es Ihrem Partner aber nicht merken lassen. Doch Sie können es nicht lange verbergen, Ihr Partner spürt nach einiger Zeit sehr wohl, dass irgendetwas mit Ihnen nicht stimmt. Möglicherweise fragt er sogar, und Sie behaupten: »Es ist nichts.« Spätestens in diesem Moment werden Sie Ihrer Partnerschaft nicht gerecht. Vielleicht nimmt Ihr Partner an, dass Sie etwas verheimlichen. Er macht sich Sorgen, vermutet, dass es etwas mit ihm zu tun hat ... Er wird misstrauisch ... Das Verhältnis verschlechtert sich, und Misstrauen führt nun einmal weg von der Liebe hin zur Angst.

Das heißt nicht, dass Sie Ihrem Partner jede Kleinigkeit anvertrauen sollten, die Sie beschäftigt, aber machen Sie sich klar, dass das vermeintliche »Bewahren vor Kummer« meist die entgegengesetzte Wirkung hat. Wenn Ihre Sorgen zum Beispiel beruflicher Natur sind, dann sagen Sie Ihrem Partner doch so etwas wie: »Ich habe gerade Stress im Job. Ich möchte gar nicht drüber reden, weil ich froh bin, wenn ich jetzt nicht dran denken muss.« Bitten

Sie Ihren Partner um die Hilfe, die er Ihnen auch ohne Kenntnis der Details geben kann, zum Beispiel dadurch, dass er Ihnen etwas Aufmunterndes erzählt oder mit Ihnen spazieren geht, um Sie abzulenken. So geben Sie Ihrem Partner die Chance, für Sie hilfreich zu sein und sich Ihnen verbunden zu fühlen.

Es gehört auch zu einer Partnerschaft, gemeinsam die Traumata der Vergangenheit aufzulösen. Und wir sind zuversichtlich, dass wir das schlussendlich schaffen werden. Daher möchten wir Sie ebenfalls dazu ermuntern: Stehen Sie Ihrem Partner bei, auch wenn es Kraft kostet, auch wenn es in dunklen Stunden nicht so schön sein mag wie in der hellen Sonne eines unbeschwerten Tages. Alles, was Sie gemeinsam durchstehen, verleiht Ihnen Kraft, macht Sie stark und verbindet Sie aufs Neue. Das Gefühl, dabei zu sein, wenn es dem anderen wieder besser geht, ist fast unvergleichlich. Für uns ist es pure Freude.

Doch teilen heißt nicht nur Freude und Kummer teilen. Es gibt da noch eine weitere Klippe, die jede Partnerschaft früher oder später nehmen muss: Das Teilen von »Hab und Gut« oder auch von Pflichten im Haushalt. Wer zusammenlebt oder tatsächlich verheiratet ist, kennt die Herausforderung, die richtige Balance aus »dein, mein und unser« zu finden. Als Freiberufler hat man es nicht gerade einfacher, denn wir erzielen kein regelmäßiges monatliches Einkommen, das automatisch auf ein Konto überwiesen wird.

Wir empfehlen allen Paaren, Spielregeln für die Partnerschaft aufzustellen, also diesen gesamten Bereich einvernehmlich im Gespräch zu klären und eine faire Lösung zu finden, die keinen benachteiligt. Vor allem wenn Sie auch zusammenleben, sollten Sie klare Regeln definieren, wer welche Arbeiten erledigt, und Sie sollten ein gemeinsames

Konto einrichten, auf das jeder einen Anteil seines Einkommens überweist. Überschlagen Sie, wie viel Geld Sie für Miete, Nebenkosten, Haushalt und so weiter brauchen werden, und teilen Sie diesen Betrag in dem Verhältnis auf, das der Höhe Ihres jeweiligen Einkommens entspricht. Eine Beispielrechnung: Wenn ein Partner pro Monat 1000 Euro verdient und der andere Partner verdient 2000 Euro, dann sollten die benötigten 1500 Euro für alle gemeinsamen Ausgaben zu einem Drittel vom einen und zwei Dritteln vom anderen Partner kommen. So gibt jeder die Hälfte seines Einkommens in die gemeinsame Kasse. Versuchen Sie immer auch, ein kleines Polster aufzubauen für Urlaube, Anschaffungen oder unvorhergesehene Reparaturen. Dieses Polster kann auch sehr nützlich sein, wenn einer von Ihnen mal eine Zeitlang deutlich weniger verdient, sei es durch Arbeitslosigkeit oder weil Projekte scheitern.

Wir haben bisher sehr gute Erfahrungen mit »unserem Konto« gemacht, denn es bewahrt uns davor, jede Ausgabe und jeden Einkauf besprechen oder bedenken zu müssen. Wir bezahlen Gemeinsames einfach vom gemeinsamen Konto und konzentrieren uns im Alltag auf das Eigentliche: unsere Liebe!

ÜBUNG:

Diese Übung kann Teil eines Partnergesprächs sein, aber Sie sollten auf jeden Fall vorbereitet sein, wenn Sie darangehen. Machen Sie sich also erst einmal Gedanken und am besten Notizen zu folgenden Fragen, und bitten Sie Ihren Partner, dasselbe zu tun, wenn er möchte:

Wann habe ich das Gefühl, dir mehr geben zu wollen?
Wann würde es mir gefallen, wenn du besser oder mehr annehmen könntest von mir?
Was würde mir guttun? Was könntest du mir geben, das mir gut gefallen würde?
Was würde ich gerne mit dir teilen – und was nicht?

Vielleicht bemerken Sie im Rahmen dieser Übung, dass Sie Wünsche haben, die Ihr Partner sehr gerne erfüllen würde. Sie haben sie nur noch nie ausgesprochen? Vielleicht bemerken Sie auch, dass Sie etwas geben, während Ihr Partner noch gar nicht verstanden hat, wie glücklich es Sie machen würde, wenn er das öfter annehmen könnte. Vielleicht ist es ihm wenig hilfreich, und es wäre ihm lieber, Sie würden Ihre Liebe anders ausdrücken. Gut, wenn man darüber spricht und sich so vor Enttäuschungen bewahren kann!

Liebestipp Nr. 8: Eine Mischung aus Ritualen und Überraschungen

Ich wache um acht Uhr auf, stehe auf und gehe mit unserem Hund in die Küche. Ich lasse ihn nach draußen und mache Kaffee, Müsli und eine Schale Hundefutter. Unser Leo dreht derweil eine Runde ums Haus. Wenn ich fertig bin mit den Frühstücksvorbereitungen, steht auch er wieder an der Terrassentür – freudig schwanzwedelnd hüpft er mit mir die Treppe nach oben, wo wir die Tür aufstoßen und Claudius wecken, bevor wir gemeinsam frühstücken.

Ich liebe es, davon wach zu werden, dass ich meine Frau und unseren Hund im Haus bei der Vorbereitung unseres Frühstücksrituals höre. Durch unsere Freiberuflichkeit haben wir den großen Luxus, an den meisten Tagen miteinander frühstücken zu können, und es gibt kaum eine schönere Art, den Tag zu beginnen. Ich höre, wie Nina mit Leo die Treppe heraufkommt. Leo stößt mit der Schnauze die Tür zum Schlafzimmer auf, und Nina erscheint mit einem Tablett, auf dem das Frühstück steht. Sie grüßt: »Hallo, guten Morgen!« Nina ist morgens einfach besser drauf und schneller wach als ich – und sie macht großartiges Frühstück! Leo kennt den Ablauf ganz genau: Erst eine Runde ums Haus, dann mit Nina nach oben und dann geduldig warten, bis Nina uns Kaffee eingeschenkt hat.

Frühstück im Bett ist für uns mehr als nur der Ausdruck von Luxus und Gemütlichkeit – es ist auch eines unserer wichtigsten Rituale: Wir lieben diese Zeit am Morgen und nutzen sie, um den kommenden Tag zu besprechen und zu begrüßen. Zum Aufwachen machen wir Späße, erfinden lustige Wortspiele, verfremden die Texte zu bekannten oder eigenen Liedern und erfreuen uns daran, dass auch unserem Hund dieser immer gleiche Ablauf unseres Morgenrituals offenbar gefällt.

Kein Lebewesen auf diesem Planeten – kein Mensch und auch kein Tier – langweilt sich gern, doch ein positiver, feststehender und immer wiederkehrender Ablauf ist gerade in einer Partnerschaft eine stabilisierende und wohltuende Komponente. Wichtig ist, dass diese wiederkehrenden Rituale in einem ausgewogenen Verhältnis zu Abwechslung und kleinen (natürlich gerne auch mal großen) Überraschungen stehen.

Wir alle leben heute in einer hochkomfortablen, abgesicherten Situation. Kaum ein Land der Erde hat ein derart ausgeprägtes Sozialsystem wie das unsere. In den meisten Menschen ist der Wunsch nach Sicherheit tief verankert: ein Dach über dem Kopf, eine befriedigende Arbeit, Absicherungen für den Notfall, Zugang zu Altersversorgung, ärztlicher Versorgung … Gleichzeitig dürstet es uns nach neuen Erfahrungen, nach Abenteuern und Erlebnissen. Immerzu möchten wir etwas erleben. Hin- und hergerissen, hoffen wir noch im Urlaub, alles gleichzeitig zu erleben: die neue Erfahrung und bitte auch den Komfort, den wir von zu Hause kennen.

Auch an eine Partnerschaft stellen wir ähnliche Ansprüche. Wir haben den stark ausgeprägten Wunsch nach Geborgenheit und Sicherheit, und doch wünschen wir uns, überrascht zu werden. Wir träumen von verwegenen Taten, schwärmen von entfernten Ländern, von Liedern, die wir noch nicht gehört, und von Speisen, die wir noch nie zu uns genommen haben, und gleichzeitig davon, überall dieselben Standards und Sicherheiten genießen zu können, wie wir es gewohnt sind.

230

Übertragen auf die Partnerschaft zeigt das, dass wir eine Mischung brauchen aus »verlässlichen Wiederholungen« und Stabilität und genügend Neuem und Aufregendem, damit es uns nicht langweilig wird. Die Rituale, die wir in unserer Partnerschaft er- und gefunden haben, sind quasi der Bilderrahmen, der uns Stabilität gibt – und die Überraschungen sind das Bild darin.

So oder ähnlich erfährt es jedes Paar im Laufe der Zeit: Rituale oder wiederkehrende Handlungen, »Insider-Witze« und die eigene Sprache, die ein Paar mit der Zeit erfindet, schweißen zusammen und stärken die Paaridentität. Sie sind der Rahmen, in dem sich die unberechenbaren Ereignisse eines jeden Tags, einer jeden Woche, eines Jahres, eines Lebensabschnittes abspielen. In sicherem Rahmen, sozusagen.

Da wir Menschen uns gerne gut fühlen, holen wir uns Situationen und Handlungen ins Gedächtnis zurück, bei denen wir uns gut gefühlt haben: Wir kaufen die DVD vom Lieblingsfilm oder Sonderausgaben einer unserer Lieblings-CDs oder Vinylalben – obwohl wir den Inhalt des Films oder des Musikstücks eigentlich längst auswendig kennen.

Rituale helfen uns dabei, uns in einer sich rasant verändernden Welt wohl zu fühlen. Dabei muss ein Ritual nicht starr sein. Für uns gehören Augenblicke dazu, in denen wir ausgelassen Spaß und Freude erleben, albern sind und blödeln. Und wir genießen diese Freiräume, in denen wir wie auf einer Insel losgelöst sind aus dem hektischen oder stürmischen Alltag. Diese Art Ritual hilft uns auch, uns bei uns sicher zu fühlen. Eng beieinander. Verlässlich.

Rituale sollen befreien, nicht einengen. Bleiben wir beim Bild mit Rahmen, so soll dieser Rahmen genug Raum lassen. Besteht unser Alltag jedoch nur aus kalkulierbaren Ritualen, aus immer wiederkehrenden Handlungen, festgelegten Terminen, also quasi nur noch aus »Rahmen« – und wird das Bild darin immer kleiner –, wer würde sich ein solches Bild anschauen wollen? Ein kleiner schwarzer Punkt in einem riesigen, erdrückenden und langweiligen Bilderrahmen?

Wer würde sich im Fernsehen ein Magazin anschauen, in dem immer wieder dieselben Beiträge gesendet werden? Oder jede Woche zum Konzert einer Band gehen, die jedes Mal exakt dieselben Lieder in derselben Reihenfolge auf dieselbe Art spielt?

Sosehr wir Rituale lieben – ohne Abwechslung und Überraschungen wird unsere Partnerschaft starr und langweilig. Wir nehmen einander nicht mehr wahr, und unsere Begeisterung füreinander schläft ein.

»Kannst du das Seminar im Januar eventuell noch um eine Woche verschieben?«, fragte mich mein Mann im November. Ich konnte. Es war nur ein Tagesseminar, und es hatten sich erst zwei Personen angemeldet, die auch einen alternativen Termin genannt hatten. Claudius wollte mir allerdings nicht verraten, weshalb ich mein Seminar verlegen sollte.

Ich stellte mir einen Alarm auf dem Handy ein, um ja nicht den Verkaufsstart dieser raren Konzertreihe zu verpassen, dann setzte ich mich an den Rechner. Ich wollte Nina eine große Freude bereiten, und so informierte ich mich über eine Stunde lang intensiv darüber, wie ich ganz sicher an ein Ticket gelangen konnte.

Nina machte mir seit Jahren eine unglaubliche Freude nach der anderen, indem sie mich mit Überraschungsaktionen, die sie bis ins letzte Detail und bis zum letzten Augenblick für sich behalten konnte, aus der Reserve lockte. Das Tollste: Dadurch veränderte sie meine Wahrnehmung des betreffenden Tages und meine Stimmung auf eine unglaubliche Art und Weise.

Steckte ich mit dem Kopf in der Arbeit und dachte, ich würde gestresst und angespannt den Abend zu Hause verbringen, sagte sie mir nachmittags: Ab 18 Uhr hätte ich dich gerne ganz für mich allein. Allein dieser Satz holte mich aus der Routine. Und danach erst! Ein Restaurant-, Theater- oder ein Kinobesuch oder im Sommer ein spontanes Picknick an Hamburgs schönsten und »geheimsten« Orten – jede ihrer Überraschungen ließ den betreffenden Tag erfüllter, glücklicher und entspannter enden, als ich es mir beim Aufstehen hätte vorstellen können.

Am Tag meiner Überraschung für sie war ich schon beim Zubettgehen aufgeregt, träumte von dem Konzert in lebhaften Bildern. Am nächsten Morgen, nachdem wir auf unsere Art im Bett gefrühstückt hatten, setzte ich mich zehn Minuten vor zehn Uhr an meinen Rechner und öffnete die Seite des Veranstalters. Es folgten ungemein spannende 15 Minuten, bis ich endlich die Tickets auf meinem Monitor hatte. Ich konnte mein Glück kaum fassen. Der Konzertabend zusammen mit Nina fühlte sich schon jetzt zum Greifen nah und sehr gelungen an – und mein aktueller Tag war allein durch die Vorfreude perfekt. Jetzt musste ich das alles nur noch sieben Wochen für mich behalten …

Glücklicherweise kann mein Liebster Geheimnisse nur sehr schlecht für sich behalten, und so war bald heraus, dass er es geschafft hatte, zwei rare Karten für ein tolles Konzert zu ergattern: Musik von »Kraftwerk« war in meiner Kindheit immer etwas Abstraktes, fast Unheimliches gewesen.

Der Megahit »Das Model« allerdings hatte es mir im zarten Alter von sechs oder sieben wirklich angetan. Er begleitete mich nun fast mein ganzes Leben lang. Erst im Lauf der nächsten Wochen wurde mir klarer, was Claudius da tatsächlich vollbracht hatte: »Kraftwerk« sind sozusagen die Väter der elektronischen Musik, die wir heute kennen. Der Gründer von Kraftwerk ist etwa so alt wie mein Vater, doch er stellte sich im Januar 2013 in seiner Heimatstadt noch mal auf eine Bühne und spielte in der Kunstsammlung Nordrhein-Westfalen eine Art »Werkschau« in zehn Konzerten. Nur achthundert Karten gab es pro Event, und die Menschen kamen aus der ganzen Welt, um dabei zu sein. Je näher der ICE an dem betreffenden Freitagabend Düsseldorf kam, umso aufgeregter wurde ich. Ich war im Begriff, mit Claudius so etwas wie »Musikgeschichte der Neuzeit« live erleben zu dürfen … Das war unglaublich aufregend, und ich wusste, dass es ihm viel bedeutete, mir dieses Geschenk gemacht zu haben.

Wir saßen im Zug. Bereits am Vorabend hatten wir uns vorbereitet, hatten das Album »Autobahn«, das abends komplett gespielt werden würde, sowie das wohl bekannteste Album, »Die Mensch-Maschine«, auf meinen MP3-Player überspielt, um es mit Nina im Zug zu hören. Ich konnte zusehen, wie Nina sich veränderte: Wenn Nina rote Wangen bekommt und auf eine bezaubernde Art und Weise eine mädchenhafte Unsicherheit an den Tag legt, weiß ich, dass es in ihr begeistert arbeitet und sie aufgeregt ist.

Am faszinierendsten an diesem Abend war mein Mann: Die Begeisterung und die unbekannte Umgebung ließen ihn in meinen Augen ebenfalls erfrischend neu erscheinen. Wir waren beide aufgedreht und überwältigt, fasziniert und begeistert von diesem Erlebnis. Wir schlenderten durch die Düsseldorfer Altstadt und unterhielten uns über unsere Highlights des Abends. Hier war uns nichts vertraut, alles war neu und unbekannt, und wir fühlten uns ebenso wie neu Verliebte.

Eine Überraschung muss nicht immer aus einem so extravaganten Konzertbesuch bestehen. Kleinigkeiten können genauso dafür sorgen, dass ein wenig Pfiff und Würze in die »Routine-Suppe« des alltäglichen Lebens kommt.

Wenn wir uns verlieben, dann ändert das zunächst unsere gesamte Wahrnehmung. Wir sind wach, im positiven Sinne aufgeregt und innerlich in Bewegung. Verliebtheit fegt jede schlechte Laune weg. Verliebtheit ist das Gegenteil von Langeweile, und deswegen sind wir Menschen so gern verliebt. Wer fühlt sich nicht gerne leicht, vergnügt und lebendig und neu.

Wir lieben es, wenn nichts mehr ist, wie es war. Wenn nichts so wichtig ist wie der Mensch, an den wir Tag und Nacht denken. Wir lieben es, wenn da kein Haarbreit zwischen uns und den Partner passt, und wir lieben es, wenn Stress und alltägliche Belanglosigkeiten nicht mehr zu uns durchdringen, uns nicht mehr erreichen. Wir sind immun gegen alles Schlechte, Graue und Böse dieser Welt.

Aus diesem Grund sind Überraschungen für eine partnerschaftliche Liebe so wichtig.

Gelungene Überraschungen erneuern bzw. nähren das Feuer unter unserer gemeinsamen Geschichte. Sie bringen das Gefühl zurück in unseren Körper, das uns bis in die letzte Ader durchdringt und euphorisch macht, das Gefühl, das uns mit unserem Partner verbindet: »So schön, lebendig und einzigartig fühle ich mich nur mit dir.«

Deswegen messen wir Überraschungen großes Augenmerk zu und denken uns Dinge wie diese Konzertfahrt oder eine Überraschungskinoeinladung aus. Es kostet nicht immer bares Geld. Ein Spaziergang in einer neuen Richtung kann mehr Spaß und Glück bereiten als ein misslungener Kurzurlaub. Es gilt, ein wenig erfindungsreich zu sein. Aufmerksam. Oder beharrlich, wenn etwa eine bekannte Zeitschrift Freikarten für eine Kinopreview anbietet. Alles, was man zu tun hat, ist, die Nummer zu wählen, ungefähr 68 Cent für den Anruf zu bezahlen, und schon ist man mit seinem Partner dabei. Ab und an sind sogar Mitwirkende des jeweiligen Films anwesend, und auf alle Fälle herrscht dort im Kino eine ganz besondere Stimmung.

Gewöhnen Sie sich in Ihrer Beziehung ein paar liebevolle Rituale an, aber achten Sie auch darauf, nicht nur in Ritualen »einzuschlafen«, sondern hin und wieder auch etwas Neues, Unberechenbares und Überraschendes hinzuzufügen.

ÜBUNG:
Praktische Übungen für den Erhalt der Liebe

Machen Sie sich ein paar Notizen, und bitten Sie Ihren Partner, dasselbe zu tun. Es dauert nur ein paar Minuten, und Sie werden vermutlich überrascht sein über das Ergebnis! Sprechen Sie über Ihre Ergebnisse, und tauschen Sie sich aus. Nehmen Sie sich vor, diese Übung ein- bis zweimal pro Jahr zu wiederholen.

Welche Rituale gibt es in unserer Partnerschaft?	Was gefällt mir daran?

Welche Rituale würde ich mir wünschen? Was könnten wir besser machen?	Was bedeutet das für mich?

Welche Überraschungen hat mein Partner mir in unserer Partnerschaft bereitet?	Was hat das für mich bedeutet? Was hat es in mir ausgelöst?

Welche Art von Überraschung würde ich mir häufiger wünschen?	Was gefällt mir daran? Was bedeutet mir das?

Lassen Sie darauf Taten folgen: Vielleicht vereinbaren Sie ein paar Rituale oder Sie sorgen für mehr Überraschung. Ein Kompromiss wäre ein regelmäßiger Termin, an dem Sie jeweils etwas Neues unternehmen.

• •

Eine wichtige Übung besteht darin, sich gemeinsam Erlebtes häufig in Erinnerung zu rufen und sich die Gefühle bewusst zu machen – und Sie auch zu schätzen. Nehmen Sie sich die Übungen dieses Buchs wie liebgewonnene Rezepte wiederholt vor, und vergleichen Sie Ihre aktuelle Auffassung mit der Vergangenheit. Sie werden vielleicht erstaunt sein, was sich getan hat – aber auch, was gleich geblieben ist.

Natürlich können all diese »Rezepte« nicht garantieren, dass Sie ein dauerhaft verliebtes Leben mit Ihrem Partner genießen können. Denn bei aller Liebe gehören dazu immer zwei. Zwei, die bereit sind, sich aufeinander einzulassen und sich für die Liebe und gegen die Angst zu entscheiden. Dazu können Sie niemanden zwingen. Doch wenn Sie und Ihr Partner bereit dazu sind, können Sie es schaffen, mit diesen Hilfen den meisten Missverständnissen und Enttäuschungen aus dem Weg zu gehen. Es gibt noch ein weiteres Rezept, das allerdings etwas komplexer und dabei gleichzeitig so wichtig ist, dass wir ihm ein eigenes Kapitel widmen möchten.

Let's talk about Sex!

In diesem Club gibt es die beste Teatime unserer Lieblingsstadt London. Die Reise an sich war ein Vergnügen, und wir freuten uns seit Tagen darauf, in genau diesem ungewöhnlichen und luxuriösen Ambiente die herrlichsten Leckereien zu genießen. Wir setzten uns und fühlten uns bereits nach wenigen Momenten wunderbar erholt und entspannt, denn wir hatten Zeit, uns intensiver als sonst in die Augen zu schauen, gemeinsam zu lachen und miteinander zu plaudern. Wir teilten uns eine Platte erlesener Kleinigkeiten zum herrlich duftenden Tee. An diesem Tag gab es keine Arbeit zu tun, keine Zeitung zu lesen, keine Küche aufzuräumen: Es zählten nur wir zwei.

Ich liebe es, mit meinem Mann zu verreisen: Er kann sich für alles Neue begeistern und lässt dadurch – genau wie ich glücklicherweise auch – den Alltag schnell hinter sich. Auf Reisen ist er genau so, wie ich ihn am liebsten mag: enthusiastisch, aber dabei entspannt, seine ganze Aufmerksamkeit gilt mir und der Situation. Während er zu Hause häufig abgelenkt wirkt, weil er mit dem Kopf in irgendeinem Projekt steckt, ist er in solchen Situationen wirklich »ganz da«. Seine Präsenz gibt mir die Möglichkeit, im Kontakt mit ihm zu sein, und seine gute Laune macht ihn sexy, so dass ich mich ihm auch innerlich zuwende.

In dieser herrlichen Entspannung wird mir bewusst, wie viele gute Gefühle durch meinen Bauch strömen und wie sehr mich meine »eigene« Frau begeistert, wie nahe ich ihr sein möchte, wie sehr ich sie begehre. Ich spüre auch, wie viel Kraft der Alltag einem »abkaut« und »abtrotzt«, wie

239

leicht diese Energie und Lust aber zurückkehren kann, wenn man sich die Zeit dafür einfach nimmt. Ich fühle mich dann so vital und lebendig, dass es eine ganz logische Folge ist, mit meiner Liebsten schlafen zu wollen.

Die große Lust auf guten Sex habe ich nicht beim Erstellen unserer Steuererklärung, nicht bei der Suche nach einem neuen Orthopäden, beim Putzen der Wohnung, dem Schreiben von Angeboten oder beim Verrichten routinemäßiger Arbeiten – von denen es so elendiglich viele gibt. In der Routine des Alltags finde ich nur selten diese Lust. Ein reflexhaft zustande gekommenes Bedürfnis, mit meiner Partnerin Sex zu haben, ist nun einmal keine gute Ausgangslage, sie dafür zu begeistern, ebenfalls Lust auf mich zu bekommen.

Wäre Sex eine dieser Zigarettenschachteln, auf denen vor Risiken und Nebenwirkungen gewarnt wird, müsste demnach auf der Packung stehen:

Sie haben Angst vor schlechtem Sex? Dann denken Sie bitte daran:

- Gewohnheitsmäßiges Reagieren kann zu gewohnheitsmäßiger Unaufmerksamkeit führen.
- Starre Denk- und Verhaltensgewohnheiten sind der Kreativität abträglich.
- Eingefahrene Wege verursachen gedankenloses Reagieren.
- Ein reflexhafter Ablauf erzeugt wenig Aufmerksamkeit.

Routine steht wirklich gutem Sex im Weg. Die Aussicht auf Gewohnheitssex macht Menschen nicht scharf aufeinander. Und: Guter Sex entwickelt sich oft gerade dann, wenn er nicht im Mittelpunkt steht. Wenn wir uns nicht darauf konzentrieren. Ihn gar nicht beabsichtigen. Er ergibt sich zum Beispiel eben dann, wenn wir uns eine Auszeit nehmen, etwas Besonderes unternehmen, irgendwo hinfahren oder uns einen Kurztrip gönnen wie eingangs beschrieben. Und wenn wir uns bewusst Zeit für uns nehmen, schaffen wir es auch bei uns zu Hause, diese ganz besondere Stimmung herzustellen, in der es nur um uns geht, in der nur wie beide zählen. Das ist sicher auch eine noch größere Herausforderung, wenn die Partner zum Beispiel unterschiedliche Arbeitszeiten haben oder wenn ein Paar Kinder hat, die natürlich ebenfalls viel Aufmerksamkeit und damit Zeit und Energie fordern. Ein Sexkiller, der auch uns beiden aufgefallen ist, ist der Fernseher. Es ist nur allzu verführerisch, nach dem Arbeitstag die angenehm berieselnde Wirkung der Unterhaltung von der Mattscheibe auf sich wirken zu lassen. Geht man am Abend durch die Straßen, sieht man es in fast jeder Wohnung flimmern, und die Paare sitzen auf dem Sofa und sehen fern. Nur die wenigsten haben dabei oder danach Sex miteinander. Meist schläft einer von beiden ein oder geht schon mal ins Bett, oder – noch schlimmer – der Fernseher steht gleich im Schlafzimmer. Ganz ehrlich: Tun Sie sich das nicht an! Sehen Sie weniger fern – haben Sie mehr Sex!

Wir haben festgestellt, dass regelmäßig schönen Sex zu haben, für die Qualität einer Partnerschaft mindestens ebenso wichtig ist, wie regelmäßig ausführlich miteinander zu reden. Natürlich heißt das nicht, dass eine Partnerschaft nur gut werden kann, wenn man ständig auf Jagd nach besserem, tollerem Sex ist. Es heißt auch nicht, dass man ständig Kurzreisen unternehmen und das Fernsehgerät wegwerfen sollte. Es bedeutet lediglich, dass zwei Menschen, die lange Zeit zusammen sind, sich unweigerlich aneinander gewöhnen. Und mit der Gewohnheit kann es passieren, dass der Sex plötzlich irgendwie verlorengeht. Doch das hat nicht nur mit der Gewohnheit zu tun, und es lohnt sich, gerade in diesem Bereich Hemmungen zu überwinden und Zeit und Geduld zu investieren, denn:

Stimmt der Sex in einer Partnerschaft, dann macht das an der Gesamtqualität der Partnerschaft vielleicht zehn Prozent aus. Stimmt er nicht – sind es plötzlich neunzig Prozent, die beklagt werden.

Ein häufiges Problem in vielen Partnerschaften ist nach einiger Zeit sexuelle Unzufriedenheit. In Wahrheit ist das gar nicht das eigentliche Problem, sondern eher ein Symptom für viele tieferliegende Probleme, die sich im Lauf der Beziehung angehäuft haben. Der Umgang im Alltag ist der eigentliche Knackpunkt.

Forscher der kanadischen Universität Guelph in Ontario befragten 2011 rund 170 junge Männer und Frauen, die sich in einer Beziehung von der Dauer zwischen einem Monat und neun Jahren befanden. Sie stellten fest, dass die Frauen tatsächlich weniger Lust auf Sex verspürten, je länger sie in einer Beziehung waren – während die Männer unverminderte Lust auf Sex hatten. Die Forscher führten dies darauf zurück, dass die Männer einfach biologisch darauf programmiert seien, so viele Nachkommen wie möglich zu zeugen, und daher der Sextrieb auch in längeren Beziehungen nicht abnehme, während Frauen darauf angelegt seien, sich irgendwann vornehmlich auf das Großziehen der Kinder zu konzentrierten. Das ist bestimmt nicht der einzige und vermutlich noch nicht einmal der wichtigste Grund!

Es stimmt schon, Männer sind im Allgemeinen aufgrund dieser genetischen Programmierung deutlich einfacher

»in Stimmung zu bringen«. Männer sind schneller erregbar und kommen in der Regel auch leichter zum Orgasmus als Frauen. Das ist aber noch kein Grund dafür, dass im Lauf einer Beziehung die Attraktivität der Partner füreinander abnimmt. Auch in dieser Hinsicht sind Enttäuschung, Eifersucht, Schuld oder Visionslosigkeit »Liebeskiller«. Und da Frauen nicht so schnell erregbar sind, spielt für sie das emotionale Verhältnis in der Partnerschaft eine wesentlich größere Rolle, wenn es um Sex mit dem Partner geht, als es das für Männer tut.

Häufen sich die Probleme zwischen den Partnern, gibt es verdrängte Wut, Eifersucht oder Ähnliches, dann hat »sie« keine Lust auf »ihn«. Er ist nicht attraktiv für sie, wenn er sich zurückzieht oder sie sich unverstanden fühlt, sich von ihm im Stich gelassen glaubt.

Während »er« die partnerschaftliche Nähe durch körperliche Nähe sucht und herstellen möchte, braucht sie zunächst emotionale Nähe, um körperliche Nähe genießen zu können. Verwehrt sie ihm dann diese körperliche Nähe, fühlt er sich wiederum abgewiesen und ist enttäuscht. Er fühlt sich ungeliebt und sieht keine Veranlassung, ihr das zu geben, wonach sie sich sehnt: Aufmerksamkeit, Wertschätzung, Interesse und Verständnis.

Dies ist für viele Paare ein Teufelskreis mit folgenschweren Auswirkungen: Abgesehen davon, dass gemeinsamer Sex Spaß macht, Spannungen abbaut und gesund ist, erfüllt er eine wichtige Aufgabe. Beim Sex schüttet unser Körper das sogenannte »Bindungshormon« Oxytocin aus. Es sorgt dafür, dass wir uns unserem Partner ganz besonders verbunden und uns geliebt fühlen. Regelmäßiger Sex macht, dass wir dem Partner so manchen Unsinn verzeihen, über seine Macken hinwegsehen können und ihn insgesamt in einem positiveren Licht betrachten. Mit anderen Worten: Guter Sex hilft, Liebe und Verliebtheit zu erhalten. Fehlt einer Partnerschaft der Sex, dann wird die Beziehung schnell zu einer Wohngemeinschaft, in der man seinem WG-Partner alles übelnimmt, was sich gerade anbietet, weil man sich von ihm nicht wertgeschätzt fühlt und ihn dazu bringen möchte, sich schuldig zu fühlen. Die Folge ist, dass die Partner noch weniger Lust auf Sex haben, und der Teufelskreis dreht sich weiter.

Unzählige Gespräche mit Freunden und Bekannten bestätigen uns, dass die meisten Männer bei Sexentzug durch die Partnerin irgendwann eine Art Tunnelblick entwickeln. Sie sind dann einfach nur noch darauf aus, Sex haben zu wollen, was wiederum extrem unattraktiv auf die Partnerin wirkt, denn sie merkt verständlicherweise: »Er hat nur Druck, er möchte mit mir schlafen, aber im Grunde geht es ihm nur um die eigene Triebbefriedigung und nicht um meine Bedürfnisse.«
Daraus entwickelt sich wieder der bekannte Teufelskreis: Je mehr ein Mann die sexuelle Vereinigung nötig hat, desto bedürftiger und unsicherer erscheint und verhält er sich.

Umgekehrt macht es natürlich keinem Mann viel Lust, wenn die eigene Frau ständig an ihm herumnörgelt, wenn sie ständig unzufrieden und genervt ist oder sich vielleicht sogar gehen lässt. Hat sie ihn in den ersten Wochen noch im durchsichtigen Spitzenhöschen erwartet, geht sie nach einiger Zeit wieder im Baumwollschlafanzug ins Bett, weil man darin einfach viel besser schläft. Ich gebe zu, ich bin da keine Ausnahme. Und wer will schon bestreiten, dass man sich zum Schlafen in kuscheliger, atmungsaktiver Baumwolle wohler fühlt als in Spitze und Satin – egal, wie scharf das aussieht? Aber auch hier gibt es Unterschiede – wer sich dem Partner nach einiger Zeit immer nur in Jogginghose präsentiert, muss sich auch nicht wundern, wenn es nicht mehr knistert.

Natürlich liebe ich es, meinen Mann zu verführen, aber dafür müssen noch ein paar Faktoren mehr stimmen. Frisch verliebt hat man keine anderen Wünsche. Der Reiz des Neuen ist Antrieb genug. Der Geruch des Partners, seine Reaktionen, seine körperlichen Reize – die Erforschung seiner Haut und dessen, was ihn besonders erregen mag, sind wie ein neues Spielzeug, das man ausprobierten möchte. Hat man dann nach ein paar Monaten alles erkundet und einander kennengelernt, braucht es schon etwas mehr als die reine Anwesenheit des Partners, um die Lust auf Sex zu wecken. Das Zauberwort heißt »Romantik« – und damit meine ich nicht Kerzen und Rosen, sondern das Gefühl, etwas Besonderes zu sein: Wann immer mein Mann in der Lage ist, mir das Gefühl zu vermitteln, dass ich etwas Besonderes für ihn bin, und ich seine uneingeschränkte Aufmerksamkeit habe (ohne dass ich sofort merke, dass er »nur« auf Sex aus ist), bekomme ich romantische Gefühle und Lust auf ihn.

Habe ich hingegen den Eindruck, dass er »es nötig hat«, wenn er auf mich bedürftig wirkt, als wolle er nur ein Bedürfnis an mir stillen, bin ich nicht begeistert. Denn was hat das mit mir zu tun?

Dies erklärt vielleicht die unterschiedlichen Gründe für Seitensprünge. Auch wenn Männer und Frauen statistisch gesehen ebenso häufig fremdgehen, haben sie unterschiedliche Motive: Männer gehen überwiegend fremd, weil sie sexuell unzufrieden sind oder sich eine Gelegenheit für unverbindlichen Sex mit einer anderen Frau anbietet. Das ändert jedoch nur selten etwas an den Gefühlen für ihre Partnerin. Frauen gehen überwiegend fremd, weil sie emotional unzufrieden sind – etwa weil sie die emotionale Nähe zu ihrem Partner vermissen oder sich von ihm nicht mehr begehrt und wertgeschätzt fühlen. Sie suchen nach jemandem, der ihnen das Gefühl gibt, dass sie etwas Besonderes sind, und der sich auf sie einlassen möchte. Sex ist dann nur die Konsequenz davon, dass die Frau Lust spürt, weil sie sich schön, begehrt und besonders fühlt und sich dann zu dem Mann hingezogen fühlt, der diese Gefühle ausgelöst hat.

Viele Männer vergessen, dass man eine Frau zum Sex verführen muss – auch wenn es die eigene ist. Viele Frauen vergessen dagegen, dass ein Mann eine Frau nur zum Sex verführen möchte, wenn sie reizvoll auf ihn wirkt.

Liest man das, ist die Lösung für Probleme in der eigenen Beziehung denkbar einfach: Haben beide Partner erst einmal verstanden, dass sie anders fühlen und eine andere Herangehensweise und eine unterschiedliche Vorstellung von gutem Sex haben, dann können sie nicht nur deutlich besseren Sex haben, sondern auch viel für die Qualität ihrer Partnerschaft tun.

Männer können sich immer wieder bewusst machen, dass Frauen im Allgemeinen eine liebevolle und aufmerksame Atmosphäre als wesentlich erotischer und ansprechender empfinden als plumpe Annäherungsversuche. Für eine Frau kann das Vorspiel schon Stunden vorher beginnen, wenn ihr Partner sich ihnen als souveräner, humorvoller und aufmerksamer Mann zeigt. Wenn er etwas für sie tut oder sie überrascht und sie das Gefühl hat, er ist nach wie vor in sie verliebt, dann löst das romantische Gefühle aus – und damit ihr sexuelles Interesse an ihm. Also: Tun Sie etwas für Ihre Partnerin – bereiten Sie ihr einen schönen, romantischen Abend nach ihrem Geschmack, und dann küssen Sie sie zu Hause und wünschen Sie ihr eine gute Nacht. Ziemlich sicher wird sie so verblüfft sein, dass Sie romantisch sind, ohne Sex zu »wollen«, dass sie Ihnen bei nächster Gelegenheit die Klamotten vom Leib reißen wird.

Umgekehrt ist es eindeutig eine Aufgabe, die sich der Partnerin stellt, ihrem Partner überhaupt eine Chance zu lassen, souverän und aufmerksam zu sein. Denn dafür muss sie sich auch einmal überraschen lassen. Manchmal genügt schon eine kleine Andeutung oder ein bestimmter Blick, und ein Mann ist auf Empfang.

Ich staune immer wieder, wie schnell ich Lust bekomme, mit meiner Frau zu schlafen, obwohl ich noch einen Augenblick vorher steif und fest behauptet hätte, das da heute nichts gehen würde – und das nur durch eine klitzekleine Veränderung in Ninas Stimme, Tonfall und den Worten, die sie unerwartet verwendet. Ein erotisches Moment in ihrer Stimme kann meinem Unterbewusstsein sofort klarmachen: Leg das, was du gerade machst, auf der Stelle hin, es gibt Wichtigeres und wesentlich Besseres zu tun.

Es gibt Paare, die trauen sich nicht, über Sex zu sprechen, als würde es eine geheime Sache entmystifizieren oder einen Zauber vertreiben.

Durch solche Gespräche kann sich jedoch eine noch größere Nähe zum Partner herstellen lassen und ein tieferes Vertrauen zueinander. Wer es schafft, dem Partner geheimste Wünsche, Vorlieben und sexuelle Träume mitzuteilen, wird unwiderstehlich – allein der Mut, zu den eigenen körperlichen und seelischen Bedürfnissen zu stehen, macht attraktiv. Denn in Gesprächen, die sich um Sex drehen, drücken wir auf einer anderen Ebene Dankbarkeit aus darüber, nicht mehr alleine sein »zu müssen« und Erfüllung und Befriedigung beim gemeinsamen Sex finden zu dürfen.

Auch wir haben festgestellt, dass es gar nicht so einfach ist, dem Partner die eigenen sexuellen Wünsche mitzuteilen – denn es ist kein Thema für ein Gespräch beim Wäscheaufhängen oder auf dem Weg zum Verwandtenbesuch. Den richtigen Zeitpunkt zu finden und dann loszulegen – ohne oberflächlich zu klingen, aber auch ohne sich blöd vorzukommen – ist nicht einfach. Tatsächlich ist einer der besten Momente, um über Sex zu reden, nach dem Sex. Beide Partner sind entspannt, man ist gerade mitten im Thema und offen für die Wünsche und Bedürfnisse seines Partners.

Es gibt keinen besseren Moment, um zu sagen: »Das hat mir gefallen, und noch mehr gefällt mir …«

Es muss übrigens für beide nicht immer Sex sein: Körperliche Nähe ist oft genug. Die meisten Paare kennen nur entweder oder. Für viele läuft körperliche Annäherung, wenn sie schmusen und küssen, unweigerlich auf Sex hinaus. Und ist einer der beiden Partner nicht in der Stimmung oder fühlt sich zu müde für Sex, wird automatisch die körperliche Nähe vermieden. Einigen Sie sich mit Ihrem Partner darauf, dass es möglich ist, keinen Sex zu wollen, deswegen aber nicht automatisch auf Distanz gehen zu müssen. »Ich habe keine Lust auf Sex, aber wir können schmusen« ist ein Angebot, das jeder von beiden machen und umgekehrt auch ernst nehmen sollte.

Allerdings ist auch das Prinzip »der Appetit kommt beim Essen« nicht zu unterschätzen: Wenn wir durch berufliche oder gesundheitliche Gründe mal längere Zeit keinen Sex hatten, kann es passieren, dass wir erst wieder »Schwung« brauchen, um unser Sexleben anzukurbeln. Dafür muss man nicht unbedingt eine Reise machen oder große Vorbereitungen treffen. Manchmal reicht es auch, wenn man »einfach« miteinander schläft. Bitten Sie Ihren Partner doch darum, mit Ihnen zu schlafen. Auch wenn es kein großes Vorspiel, keine Andeutungen, keine Rosen, keine Spitzenunterwäsche und auch sonst nichts gab. Sagen Sie einfach: »Bitte schlaf mit mir.« Sie werden überrascht sein, wie gut das funktioniert.

Wenn man erst einmal wieder miteinander geschlafen hat, gibt das Schwung und die nötigen Hormone für weiteren, dann auch aufregenderen und befriedigenden Sex.

Machen Sie sich klar, dass Zeit für Sex genau so wichtig ist, wie Zeit für gemeinsame Unternehmungen, für Pflichten des Alltags und alles andere, was noch auf Ihrem Zettel steht.

Wagen Sie Experimente: Das muss nicht gleich etwas »Ausgefallenes« sein – aber wagen Sie sich an Dinge heran, die Sie vorher noch nicht gemacht haben:

- Vereinbaren Sie mit Ihrem Partner, in den nächsten zehn Tagen jeden Tag miteinander zu schlafen, ganz egal was passiert.
- Probieren Sie mal aus, wie es ist, wenn Sie eine »Männerwoche« und eine »Frauenwoche« einlegen, in der einmal »er« eine Woche lang bestimmen und alles »haben« darf und eine Woche lang »sie«.
- Besuchen Sie zusammen einen erotischen Film im Kino oder gehen Sie sogar in ein Sexkino oder in einen Erotikladen.
- Vereinbaren Sie Sex, bei dem Sie beispielsweise alles tun dürfen außer »reinstecken«.

Lassen Sie sich inspirieren von Sexratgebern, erotischer Literatur oder erotisch angehauchten Filmen. Damit meinen wir nicht unbedingt Pornos – auch ein Film, in dem es einfach mal heiß hergeht, kann Lust aufeinander machen. Lassen Sie zu, dass das Thema Sexualität in Ihrem Alltag präsent ist. Schicken Sie Ihrem Partner beispielsweise doch mal eine SMS, dass Sie heute Abend gerne Sex mit ihm hätten, sobald er (oder sie) zur Tür hereinkommt. Das wird sicher Ihren Tag versüßen und seine Wirkung nicht verfehlen …

So, wie Rituale und Überraschungen in unserem Alltag den Rahmen und das Bild darin ausmachen, so gilt das auch beim Sex. Wenn Ihre gemeinsame Sexualität aus immer wieder gleichen Handlungen besteht, wird das bald langweilig und entspricht nicht mehr dem, was Sie beide sich davon versprechen. Nehmen Sie sich Zeit für Abwechslung und Überraschungen. Das wird einen nachhaltig positiven Effekt auf Ihre Beziehung und die Verliebtheit zueinander haben.

Wie soll es weitergehen?

Als ich meinen Mann kennengelernt habe, hat mich an ihm sehr beeindruckt, dass er sich sofort entschieden hat, mich zu heiraten. Im Nachhinein war es meine beste Entscheidung, nicht zu zögern, sondern sofort ja zu sagen. Sie hat dazu geführt, dass wir in unserem »Beziehungsmythos« für immer die Menschen sind und bleiben werden, die sich sofort füreinander entschieden haben, und das hat uns schon für so manche Turbulenz die nötige Kraft und Zuversicht gegeben.

Unsere Partnerschaft hat in jedem von uns Potenziale und Eigenschaften aktiviert, die wir ohne den anderen nicht hätten ausleben oder gar entdecken können, und das ist gut so. Genau dafür ist eine Partnerschaft da.
Wir haben in diesem Buch darüber geschrieben, welche Erfahrungen wir bisher gemacht haben und welche »Fallen«, aber auch Möglichkeiten eine Partnerschaft bietet. Uns ist deutlich geworden, wie unproduktiv Ängste sind und wie gut es andererseits tut, sich frei und glücklich in der Zweierbeziehung weiterentwickeln zu können. Die meisten Partnerschaften scheitern nicht daran, dass die Partner nicht zueinander passen, sondern dass sie zu viel voneinander erwarten und dabei gleichzeitig den anderen für Gefühle und Emotionen, für Verletzungen und Langeweile verantwortlich machen.
Dass Liebe und Verliebtheit mit der Zeit abnehmen, ist kein »normaler« Vorgang – es passiert nur dann, wenn wir uns in negativen Gefühlen und Ängsten verstricken und wenn wir den Partner allein für unser Wohlergehen verantwortlich machen.

Manche Paare neigen dazu, sich im Lauf der Zeit von ihren Freunden zu entfernen. Viele verschließen sich, kapseln sich von der Umgebung ab. Es mag daran liegen, dass sich das Paar am wohlsten fühlt, wenn es ganz bei sich ist. Gemeinsame Momente wollen so oft wie möglich wiederholt und genossen werden. Das möchten wir alle. Trotzdem sind auch Freundschaften wertvoll.

Führen Sie sich vor Augen: Alles, was wir nicht üben und praktizieren, verstaubt und verkümmert mit der Zeit. So geht es auch uns, wenn wir unsere Freunde nicht mehr sehen, sie besuchen und zu uns einladen. Man spricht nicht umsonst von »Freundschaftspflege« oder davon, seine »Beziehungen zu pflegen«. Neben einer glücklichen Paarbeziehung gibt es andere Formen glücklicher Beziehungen, die aktiver Handlungen und »pflegender Maßnahmen« bedürfen.

Wir wissen mittlerweile, dass Freundschaften einen wesentlichen Anteil an der Gesundheit eines Menschen haben. Sie sind notwendig, damit wir uns vollständig fühlen und zufrieden sein können.

So tragen wir beispielsweise die Bilder und Gefühle eines gelungenen Fests im Freundeskreis ein Leben lang in uns. Einzelheiten bleiben uns im Gedächtnis. Etwa wie wir den Teig für eine Pizza gemeinsam zubereiten, die Tomaten enthäuten und aus ihnen eine herzhaft duftende Sauce zubereiten, den Teig ausrollen, den Boden belegen und die Pizza in den Ofen schieben. Diese Details sind oft auf Lebenszeit mit den Aromen und Düften verknüpft, die in solch glücklichen Momenten durchs Haus strömen, und uns ist später, als könnten wir sie immer noch riechen und das Gelächter und die Stimmen der begeisterten Gespräche hören.

Fragen wir alte Menschen, woran sie sich erinnern, so

sind es fast immer die schönen Momente und Bilder, die geblieben sind. Im Film des Lebens sehen sie nicht nur sich und den Menschen, den sie lieben oder geliebt haben. In ihren Träumen begegnen ihnen Menschen, die sie einst trafen, Freunde, die den Weg des Lebens mit ihnen beschritten haben, Nachbarn, Verwandte, Kollegen und viele Weggefährten mehr. Reichtum ist, das Leben tatsächlich mit guten Freunden in einer wohltuenden Umgebung verbringen zu können.

Wir sollten uns daher nicht davon abhängig machen oder erwarten, dass ein einziger Mensch all unsere Bedürfnisse befriedigt. Wir sollten uns nicht nur auf unseren geliebten Partner fixieren, nicht alle Lösungen ausschließlich in Verbindung mit ihm suchen. Denn wir wissen, dass dies ein aussichtsloses Unterfangen wäre. Es kann nicht funktionieren.

Nur wenn die Partner in einer Beziehung einander den Freiraum geben, den beide benötigen, während sie gleichzeitig in engem liebevollen Kontakt stehen, sind sie in der Lage, weiterhin und jeden Tag aufs Neue die Verliebtheit zu fühlen, die sie ursprünglich einmal zueinandergeführt hat.

Eine partnerschaftliche Beziehung bedeutet so viel: Wir fühlen uns darin geliebt, geborgen, sicher und stark, und das Gefühl, für immer verliebt zu sein, nährt sich von so vielen kleinen Dingen und Aspekten, die wir in diesem Buch zusammengetragen haben.

Die für uns aufregende Reise, dieses Buch zu schreiben, geht dem Ende zu. Wir haben uns an schöne Momente erinnert, aber auch an Zeiten, die wir am liebsten gleich wieder vergessen hätten. Denn auch unsere Partnerschaft ist eine Reise mit Höhen und Tiefen, aber wir bleiben immer auf dem Weg, der uns zusammen führt, weiter voranbringt. Im besten Fall wissen wir sogar, wohin die Reise geht. Doch niemand kann wissen, was ihn auf den Etappen erwartet. Hier passt gut der gern zitierte Ausspruch John Lennons: »*Leben* ist das, was *passiert*, während du dabei bist, andere Pläne zu schmieden.«

Glauben Sie uns: Es ist besser, sich unter keinen großen Erfolgsdruck zu stellen. Sie – und auch wir – müssen auf dieser Reise nicht alles perfekt machen – zumal es schwierig ist, sich darauf zu einigen, was überhaupt Perfektion heißt. Aber eines wissen wir: Wir sind nur mit von der Partie, wenn wir nicht zu Hause bleiben. Wir müssen aufbrechen, uns auf den Weg machen und dafür auch bereit sein, etwas zu wagen. Leben heißt, Erfahrungen zu machen. In einer Partnerschaft zu leben, gibt uns die Möglichkeit, jeden Tag neue, andere, aber auch nicht immer berechenbare Erfahrungen zu machen. Deshalb ist jede Partnerschaft ein Abenteuer.

Wir hoffen, dass wir Ihnen und Ihrem Partner mit diesem Buch vielleicht dabei helfen können, die einzelnen Reiseabschnitte zu bewältigen, auch wenn sie manchmal durch endlosen Dschungel zu führen scheinen. Auch wenn Sie nicht mehr wissen, wo oben oder unten ist. Es lohnt sich, einmal genauer hinzuschauen, um danach wieder klarer zu sehen und positiv gestimmt neue Gedanken fassen zu können. Wir würden uns freuen, wenn Sie sich auf der weiteren Reise zusammen besser fühlen könnten, als es für einen allein jemals möglich wäre.

Gute Reise!

Dank

Wir danken den Menschen, die uns bisher auf unserer Reise begleitet und unterstützt haben. Ganz besonderer Dank gilt dabei Beate Brandt und Ruth Haft sowie auch Gabriela Friedrich, Dr. Chuck Spezzano und unserem guten Freund Uli Wolf.

Nicht zuletzt möchten wir unseren Eltern danken, weil wir wissen, dass sie stets ihr Bestes gegeben haben und bis heute tun.

Weitere Informationen

Liebe Leser, wir freuen uns, wenn Ihnen unser Buch gefallen hat. Wenn Sie weitere Informationen wünschen oder Kontakt aufnehmen möchten, schreiben Sie gerne eine E-Mail an info@kontaktvoll.de oder besuchen Sie unsere Website www.kontaktvoll.de.

Sie finden uns auch bei den sozialen Netzwerken Facebook (www.facebook.com/kontaktvoll bzw. www.facebook.com/claudiusmach) und Twitter (@kontaktvoll und @machmusik).

Den Song »Willst Du«, mit dem Claudius um Ninas Hand angehalten hat, gibt es übrigens als kostenlosen Download auf www.claudiusmach.de.

255